JN062530

宗教と社会主義との共振 II

村岡 到 編

ロゴス

まえがき

一昨年末からのコロナ禍は、全世界でなお終息することなく、深刻に拡大している。全世界で感染者は一億五一四二万人を越え、死者は三一八万人に及んでいる（世界の総人口は約七六億人）。人口一億二五五七万人の日本では感染者は五九万八九一八人、死者は一万人を越えた（五月一日）。コロナウィルスの正体はなお不明で、変異株はさらに危険で、治療薬は未開発で感染後の後遺症も重い。コロナ禍は、人間のコミュニケーションのあり方を変容させ、人格形成・教学育にも深く影響する。生活の困難も増し、悩みも多くなり、人間が生きることの意味が問い直されつつある。

コロナ禍の他にも、ＡＩ（人工知能）の発達による社会の大きな変容、近年の日本の少子高齢化・人口減少による経済への影響、政治の劣化と左翼の衰退など大きな問題に直面している。人口問題（増減および人口構成）は世界的規模でも起きている。左翼の衰退については、昨年六月に『左翼の反省と展望』（ロゴス）を刊行した。

そのような状況のなかで、昨年一二月に編著『宗教と社会主義との共振』（ロゴス）を刊行した。それから四カ月余、本書はその続編である。

宗教の起源は人類が社会を形成するころ、紀元前中期旧石器時代（五〜三〇万年前）とされている。

前著で共通に論及されている親鸞は一一七三年（鎌倉時代）に生まれた。対して、資本制経済が形成されたのは一八世紀であり、「socialism」の語は一八二七年に初めて使われた。そして幸徳秋水が『社会主義神髄』を著したのは一九〇三年（明治三六年）である。わずか七四年間で崩壊したソ連邦の出発点であるロシア革命は一九一七年に起きた。

宗教と社会主義とはどのように交叉してきたのであろうか。そこには、なお探るに値する深遠な問題と意味があるのではないか。これまでは、「宗教は民衆のアヘンである」というマルクスの言葉の影響も大きく、宗教と社会主義とは相反するものとされてきた。このドグマを打破して、〈宗教と社会主義との共振〉を探ることは、宗教にとっても社会主義にとっても深い意味があるのではないであろうか。本書では、宗教家、宗教研究者、政治学者、社会主義者ら九人がこのテーマをめぐって思索している。

本書の読み方について一言。哲学者の梅本克己が注意していた（松本直次論文に引用、本書七七頁）ように、肯定面も否定面も合わせて理解する姿勢で読んでほしい。息苦しい世の中ではあるが、真剣に生きようとする努力のなかで、考えるヒントにしていただければ幸いです。

二〇二一年五月一日　メーデーの日

村岡　到

宗教と社会主義との共振 II

目次

宗教と社会主義との共振　目　次

あとがき
執筆者紹介

＊人名の敬称は統一されていません。
＊引用文献の表示形式は統一されていません。
＊数字は引用文献でも和数字に替えた部分もあります。

仏教における「尊厳」概念

北島義信

はじめに

二〇二〇年三月二三日、アメリカ・ミネソタ州で、黒人男性、ジョージ・フロイド氏が白人警官によって窒息死させられた。その蛮行の映像がSNSによって世界に発信されると、人種差別反対運動は一九六〇年代の「公民権運動」以来の広がりを見せ、韓国、オーストラリア、イギリス、フランス、カナダ、日本などにも広がった。アメリカで起こった「黒人の命は大切だ」というBLM運動が世界に広がったのは、経済のグローバル化と「新自由主義」「市場原理主義」の政策によって生まれた「格差社会」が、人間生活の根本を破壊しており、この現実変革のためには、人間の尊厳性回復の必要性が共通に存在するからである。

「公民権運動」を指導したマーティン・ルーサー・キング・ジュニア牧師は、人種差別に抗したアラバマ州モントゴメリーのバス・ボイコット運動によって、一九六三年、「アラバマにおけるバスの人種分離は違憲である」という最高裁判決が下されたのちに、次のように述べている。

「新しい黒人は、思考を停止させ服従し、感覚を鈍らせて現状に満足するのはきっぱりと止めたうえで、尊厳と使命があると新たに実感してその姿を現した。モントゴメリーの新しい黒人は、一人の人間であることと自尊心を新たに実感していた。彼らはいかなる犠牲を払っても自由と人間としての尊厳を勝ち取るという決意を新たにしていた」(『ブラック・ライブズ・スタディーズ』三月社、二〇二〇年、九二頁)。

一九六三年のバーミングハムにおいて、祈りを捧げるために数百人の行進する黒人に対して、警察署長ブル・コナーはビラプス牧師に引き返すように命じたが、牧師はそれを丁寧に断った。すると署長は、部下たちに放水のため消火用ホースの栓を開けるよう命じたが、部下たちにはできなかった。それは黒人の誇り高い態度に圧倒されたからだ。「(黒人たちは)膝をつき、コナーの警察犬や警棒や消火用ホースに己の体と魂の力だけで対抗する準備ができていた。黒人たちは恐れることも身動きすることもなく、じっと見つめ返した。そしてゆっくりと立ち上がり、前に進み始めた。コナーの部下たちは、まるで催眠術にかかったかのように、手にしたホースをだらりとさせたまま後ろにさがった」(同、九四頁)。

ここに、「外部からの介入を拒絶」し、警官隊には経験したことがないような、黒人を「差異化」させる「はたらき」、「人間化させるはたらき」を感じることができる。この「はたらき」は黒人の「内在的価値」の「はたらき」であり、黒人の「モノ化」を拒み、抑圧者をも人間化させ、真実にめざめさせる力である。これを尊厳性のはたらきと呼ぶことができよう。このような尊厳の具体的な現れとしての非暴力の行動が、敵対者をも人間化していく姿を「ホースをだらりとさせたまま後ろにさがった」警官隊の行動に見ることができる。

キング牧師は、インド人マハトマ・ガンディーの非暴力運動から多くのことを学んだ。南アフリカにおける、白人によるインド人差別の根幹には、あくなき物質的欲求の追求という、揺るぎない自己中心主義が存在し、それが脅かされる場合には、「西洋近代文明」を守るため「自己防衛の最高の権利」として対象者を政治的に抑圧するという構造が存在していることをガンディーは把握した。この自己中心主義の放棄以外に、人間の平和的共生の道はありえないが、それは「西洋近代」の枠組みには存在しなかった。このような現実の中から生まれたのが、インドの土着思想に基づく、「サッティヤーグラハ」(satyaagraha) 運動である。

1　「サッティヤーグラハ」運動における尊厳概念

一九〇七年、「暗黒法」とインド人が呼んだ、インド人の居住権をはく奪する「アジア人登録法」が南アフリカ・トランスバールの白人政府によって法律となった。この「登録」を拒否すれば、インド人は罰金、投獄、強制送還のいずれかに処せられるのであった。ガンディーはこの「暗黒法撤廃」のための抵抗運動を「サッティヤーグラハ」運動と名付けた。

古代インドのサンスクリットの「サッティヤ(satya)」とは、「真理」を意味するが、それ以外に、「いかなる危害もない状態」すなわち、非暴力を意味する。その対極にあるのが暴力を合理化する自己中心主義である。

また、「サッティヤ」にはわれわれにはたらきかける「神」や、歴史を超えた真実の「存在」の意味もある。「アーグラハ(aagraha)」は、「喜んで世話をすること、奉仕すること」「固守すること」「熱情」を意味する。したがって、「サッティヤーグラハ」運動とは、歴史を越えて変化することなき、普遍的実在としての「真理」(神)のはたらき(霊性のはたらき)によって、「自己中心主義」からの脱却をはかり、自他ともに、真理(神)と一体の尊厳性を確立していく、決して屈することのない非暴力運動を意味する。(「サッティヤーグラハ」が、〝真理(神)への奉仕〟を意味するのと同様に、一八六〇年代の韓国の東学運動創始者・崔済愚の掲げた「侍天主(シチョンジュ)」も〝天(神)への奉仕〟を意味する)。

非暴力とは、ガンディーにおいては「真理」へ達する道であり、「いかなる生きとし生けるものに対しても、苦痛を与えたり、悩ませたり殺害することから離れること」を意味し、社会逃避を意味するものではない。また、「真理」は神と同義であり、すべての人に内在するが、そのはたらきを封じているのが自己中心主義である。これを除く方法は、ガンディーによれば、「今までに出会った最も貧しく、最も無力な人の顔を思い浮かべ」、自分が「意図したことが、その人の役に立つかどうかを自問すること」である。

ガンディーは、ヒンドゥー教の経典『バガヴァッド・ギーター』に述べられているように、神、クリシュナ神はすべての人間に内在するが、同時にこの神は超越的神でもあり、個人に揺さぶりをかける。抑圧する白人にも、クリシュナ神は内在するがゆえに、自己中心主義としての我執を捨てさせれば、相異なる者同士の平和的共生が可能となる。抑圧者としてのイギリス人（白人）と被抑圧者としてのインド人の対立の克服は、一方による他方の屈服によっては不可能である。ガンディーは土着的思想と、直面する差別撤廃の課題とを結合させて「サッティヤーグラハ」運動を展開した。そこには、「欧米近代」にはみられない、外部性としての他者優先、他者を媒介とした「自己超越」、「自他同一」、「人間の二重化」などの視点が存在し、「自己中心主義の愚かさにめざめよ」という「ゆさぶり」をかける霊性のはたらきがみられる。このような考え方は、ヒンドゥー教徒ばかりでなく、インド人イスラーム教徒も、最終的にはイギリス人も認めるものであった。この運動は、イギリス人の支持もあり、最終的には「暗黒法」を撤廃させ、平和的共生社会の出発点を形成することができた。

キング牧師が、ガンディーの思想に共鳴したのは、そこに特定の宗教をこえた、差別・抑圧を克服し、平和共生の道筋を見出したからであろう。超越的神は、すべての人間に神が内在することを霊性のはたらきによって示し、それによって、敵対者も自己に内在する神にめざめさせられる。このめざめが、人間の尊厳のめざめである。この尊厳にめざめるとき、自己中心主義は崩壊する。この概念を明確に提起したのが大乗経典の『大般涅槃經』である。

2 『大般涅槃經《だいはつねはんぎょう》』における仏性と尊厳

『大般涅槃經巻第八』には、「一切衆生悉有仏性（すべての人々には、すべて仏性が内在している）」が述べられている。しかしながら、人々に内在する仏性（ぶっしょう）は煩悩という自己中心主義に覆われているため、自分では見ることができない。この巻第八の最初の部分に譬えとして提起されているのは、貧しい女性が自分の舎内に金蔵があることに気づかず、仏の言葉によって初めてそれに気づかされるという話である。この譬えは、煩悩をもつ人間は、自分の力で自己に仏性が内在することを知ることはできないということである。それを知らせるのは、外部性としての絶対者（仏）の霊性のはたらきに他ならない。涅槃經における「仏性」とは、サンスクリットの「ブッダ・ダートゥ (buddha dhaatu)」（仏を成り立たせしめる根本実体）の訳語で、完成体としての「仏そのもの」を意味し、その内容は、エゴイズムを相互関係性の認識へと転じさせる、個物に内在する仏性のはたらきであり、そのはたらきに人々は、「尊くおごそかな、威厳」としての「尊厳性」を感じるのである。

具体的個物としての人間と仏性の関係について、親鸞は次のように述べている。「仏性すなはち如来なり。この如来、微塵世界にみちみちたまへり、すなはち一切群生海の心（しん）なり。この心に誓願（せいがん）を信楽（しんぎょう）するがゆゑに、この信心すなはち仏性なり、仏性すなはち法性（ほっしょう）なり、法性すなはち法身なり。法身はいろもなし、かたちもましまさず。〔筆者の口語訳：仏性とは、すなわち仏そのものである。この仏は、数限りないすべての世界に満ち満ちている。それは、すなわちこの世に存在するすべてのものに内在する心（しん）である。人間は、この心において仏による救済の誓いを受け止め信じるのであるから、この信心はすなわち仏性である。この「わたし」に内在する仏性は、超越的世界の仏の霊性のはたらきによって、めざまされたものであるから、超越的世界の仏、真如と同一である。超越的世界の仏と私に内在する仏は、不二一体の関係にある。超越的世界の仏は真如であって、色も形もないのである〕」（『唯信抄文意』一二三〇年）。

親鸞によれば、超越的世界に存在する真如は、それ自体としては、はたらくことができず、人々を迷いから救済するために自己限定して、個物の形態をとって現実世界に現れる。したがって、この現実世界におけるすべての個物、個々の人間は仏を宿しているのである。それゆえ、外部性としての仏の霊性のはたらき、「自己中心主義の愚かさにめざめよ」という呼び声、人間釈尊において現れた阿弥陀仏の呼び声を聞くとき、煩悩によって仏性が覆われていても、だれでもそれを受け止めることができるのである。そのときわれわれは、仏との一体性、絶対者との一体性にめざめるのである。この状態になることが尊厳性のめざめといえる。前記のように、アメリカのバーミンガムでは、祈りを捧げるために行進する黒人たちに、尊厳性の具体的あらわれを見たため、警官隊は放水命令を執行できなかったのである。警官隊は黒人の、「憎しみ」ではなく凛とした姿、尊厳性（仏性、神）の具体的姿に抗しえなかったのである。それは、黒人を弾圧する側の警官隊にも、それを受け止める尊厳性（仏性、神）が内在していることを示している。この仏性は、悪人や仏法を罵る者にも内在しているのである。

浄土経典のなかで最も重視されている『仏説無量寿經』は、「唯除五逆誹謗正法」すなわち、〝悪を犯したもの、仏法を罵るものは仏の救済からは除外する〟と述べつつも、そのような行為を犯した者も、廻心懺悔すればすべて救済されることが含意されている。それを示すのが善導の『法事讃・上』の「謗法闡提廻皆往」（筆者の意訳：罪を犯した者も、仏法を罵る者も、廻心懺悔すれば、みな浄土に生まれることができる）という言葉である。その具体例を親鸞は『大般涅槃經』の「梵行品（ぼんぎょうぼん）」を引用しつつ、実父を殺害させた阿闍世（アジャセ）王子の廻心懺悔の意味を説き明かしている。〝「貪欲による錯乱」によって殺害を犯したのであり、その殺害の自覚、懺悔があるから、あなたの行為は罪とはならない〟という話を釈尊から聞かされて、阿闍世王子は「めざめ」を得る。そして、次のように述べる。「世尊、わたしは、もし世尊にお遇いしなかったら、はかり知れない長い間地獄に落ちて、限りない苦しみを受けなければならなかったでしょう。わたしは今、仏をみたてまつりました。そこで仏が得られた功徳を見たてまつって、衆生の煩悩を断ち悪い心を破りたいと思います」（親鸞『顕浄土真実教行証文類（現代語版）』本願寺出版社、二九六頁）。

阿闍世王子は、人間釈尊に仏を見たのである。その仏の呼び声を聞いて、煩悩によって覆われた内在的な仏性は活性化し、加害者であった彼は真実にめざめ、恐れることなく新たな人生の歩みを決意する。尊厳性を回復した阿闍世王子は、釈尊に次のように述べた。「世尊、もしわたしが、間違いなく衆生のさまざまな悪い心を破ることができるなら、わたしは、常に無間地獄にあって、はかり知れない長い間、あらゆる人々のために苦悩を受けることになっても、それを苦しみとはいたしません」（同、二九六頁）。そして、自分の治める摩伽陀国（マカダ国）の数限りない人々に無上菩提心（真実のさとりを願う心）を起こさせた。阿闍世は尊厳性を得て、新たな人間に生まれ変わったのである。そして、彼は御殿医師・耆婆（ギバ）に次のように述べる。「耆婆よ、わたしは命終わることなくすでに清らかな身となることができた。短い命を捨てて長い命を得、無常の身を捨てて不滅の身を得た。そしてまた、多くの人々に無上菩提心をおこさせたのである」（同、二九七頁）。

自己に内在する仏性にめざめさせられた人間は、有限な身体（煩悩）をもちつつも、その心は真実世界（浄土）の仏と同じである。親鸞は、そのような人間を心において「如来に等し」く、現実の姿として、仏となることが決定している「弥勒に同じ」と位置付けている。「大慈・大悲（広大な他者救済心）」は「仏性」であると『大般涅槃經』は説いているがゆえに、そのような仏性にめざめた人間は、見返りをもとめることなく、他者救済のためにはたらくことができる。このような「めざめ」を得た人間の行動は、仏と一体となった行動であり、「弥勒菩薩」が行うのと同じ行動である。そこには、「完成」はなく、常に「完成」を目指す「脱皮」が継続するのである。そのような人間の姿にふれた人々が感じる感動的「実感」が尊厳性なのである。

仏性の「めざめ」は、理不尽な現実変革への行動を生み出すものである。自己に内在する仏性にめざめた人間は、外部性としての仏のはたらきによって他者にも、敵対者にも同様に仏性が内在していることに気づかされるのである。ここに、人間の共生の根拠が生まれる。

3　仏教における仏性＝尊厳性の現代的意義

「西洋近代」は、超越的神を内在化しそれを理性、良心として捉えた。「西洋近代」においては、人間は理性と良心を内に持つ存在であり、それは何ものも奪い去ることはできないものである。内在化された神は、個人の心の中に限定され、個人の良心と一体化する。これが「西洋近代」の個人主義と呼ばれるものである。他方、外部性としての絶対者＝神は、教会権力から引きはがされ、理性と良心を内在する「平等な個人」によって構成される「国民国家」へと移され、世俗国家自体が神的絶対性を身につける。かくして、「国家の正義」の名のもとに、戦争や植民地支配が正当化される。「理性・良心」を内に持つ個人が、自己を問う場合、自己（個としての我）を突き放して、その自己（個としての我）を見る「もう一人の、新たな自己」を誕生させる絶対者、自己客観化を可能ならしめる外部性としての超越的絶対者は不在となり、「理性・良心」が自己内部で自己を問うことになる。その結果、自己超越（現在の自己を超えること）は不可能となる。このような状態のもとでは、「理性・良心」は容易に「自己中心主義」と一体化しうる。

現代日本では、「尊厳死」という言葉がきかれる。この言葉には、「人間らしく」「私らしく」死を迎えることが含意されるが、そこには自己客体化を欠いた、外部性としての他者との相互関係性を欠いた、「かけがえのないこの私」の強調傾向がみられる。「人間の尊厳」の概念は、「人間の内的価値」であり、「自律概念」とも深いかかわりを持つことは否定できないが、その場合、超越的存在との相互関係を否定すれば、自己中心主義の枠組みから出ることができない。このような立場に立った主体者としての「人間」に、周囲の者は魂を揺さぶられるような尊厳性を感じることができるであろうか。ここには、この「わたし」を生かそうと必死になって活動している人体諸器官に対する深い感謝・尊敬もなければ、自分と一体化した仏への尊敬の念もなく、自己中心主義しか存在しない。これに固守するのが、「欧米型近代」の思考に他ならない。仏性論は、人間に内在する尊厳性としての仏と、それを自覚させる外部性としての絶対者のはたらきによる、自我固執・我執からの解放の道を示しうるものである。

「西洋近代」には構造的に「優劣」の二項対立的思考、他者拒否の自我中心主義が存在し、それが社会体制と一体化し、あたかも普遍的原理であるかのように世界に広がっている。その究極的なイデオロギーが、今日世界を席巻している「新自由主義」である。ガンディーやキングは、このような「西洋近代」の枠組みを超えない限り、抑圧や差別そのものの撤廃と人間共生の実現は不可能であること見抜いたのである。この解決の道筋は、内在的絶対者と外部性としての絶対者の弁証法的統一の論理である。この論理に基づく行動が、「西洋近代」には解決できない、相異なる個々人の人間的共生の基盤を提起したのである。

結びにかえて

今日、日本にみられる尊厳論には、内在と超越の相互関係を深化させる視点が希薄であるように思われる。それは、学問そのものが「西洋近代」に特徴的な二項対立的思考から抜け出せていないからであろう。この二項対立的構造からの脱皮をはかる一助となるのが、『大般涅槃經』の「仏性論」であるといえる。

この思想は、一三世紀に「鎌倉新仏教」の代表者の一人である親鸞によって理論化されたが、日本に定着しているとは言い難い。日本の主要な仏教教団の一つである真宗教団は、「体制内化」する過程で、「仏性論」の理論的深化に取り組めなかったのだ。その理由は、「仏性論」が人間の意識化と連帯につながる、反権力イデオロギーとなりうることを恐れたからだ。他の仏教教団においても、それは同じであった。一九四五年の敗戦後、近代天皇制を支えた「国家神道」の否定と「西洋近代」における個人主義が日本で広がるなかで、知識人の間では宗教を個人の内面の問題に限定したり、宗教を「封建時代の遺物」として捉え、密接なかかわりを敬遠する傾向がみられるようになった。そこには、「西洋近代」は宗教を「止揚（aufheben）」したという幻想があったのかもしれない。それゆえ、尊厳概念を宗教と関連させて深化させる方向性は主流となりえなかったのであろう。しかしながら、宗教の内容には、非暴力と平和、超越と内在の統一、相互関係性、差異と平等の併存、共同体と個人、友愛、一即多、修復的司法、赦しと和解、など今日の「難問」を解決する概念が多く存在している。これらの概念は、いずれも尊厳性に関わるものであり、社会主義とも共振しうるものである。村岡到編『宗教と社会主義との共振』の書評（『図書新聞』三月二〇日）で、島園進氏は、親鸞論が軸になっていることに着目して、それとの関連で、私が取りあげた南アフリカの反アパルトヘイト神学に言及された。南アフリカにおいては、社会主義と宗教との共振が非暴力によるアパルトヘイト廃棄を可能ならしめる力になったことをみても、平和的共生社会を実現するためには、両者の共振を深める必要がある。私は、「尊厳」概念をめぐる宗教と社会主義の対話を通じて、社会主義の内実も宗教の内実も一層ゆたかになると考える。

ここでとり上げた『大般涅槃經』の「仏性論」には、新自由主義によって社会の底辺に追いやれた「弱者」「被害者」が尊厳性を獲得する勇気づけが存在するばかりでなく、「阿闍世の廻心懺悔」にみられるように、「加害者」「強者」も救済される視点が明確に存在する。またその「仏性論」には、絶対者の内在と超越の相互関係性がみられ、東学の創始者・崔済愚の「侍天主」概念に通じるものが存在する。これらのことをみると、「仏性論」に位置づけられる「尊厳」は、今日の世界における人間の平和的相生を考える際に、「欧米近代」には存在しない明確な方向性があるといえる。

〈付　記〉

この小論は、趙晟桓（チョ・ソン・ファン）氏（圓光大学校北東アジア人文社会研究所ＨＫ教授）によって韓国語に約されて、韓国の『東洋日報』(二〇二一年一月二一日)の「東洋フォーラム」に掲載されたものに加筆したものである。

宗教と平和——霊性を中心に

北島義信

はじめに

体験的に過去の学生時代を振り返ってみると、一九六〇年代にはベトナム戦争をはじめとして、世界の平和を軍事力で踏みにじるアメリカの姿が浮かび上がってくる。このアメリカに追従している日本の政治を変え、世界に平和をもたらしたいという意欲は、多くの学生には存在していた。その最も大きな思想的受け皿となったのは、戦前から抵抗運動の基軸となっていた「社会主義」であり、その豊かな理論的集積が存在していた。一九六〇～一九七〇年代における日本の社会主義研究の水準は、世界のどの地域よりも多様で、豊かであったと思われる。マルクス・エンゲルス全集、レーニン全集の邦訳のみならず、主要な社会主義思想の文献は、文庫本でも容易く入手できた。多くの書店では、そのような文庫本のコーナーが常設されていた。これは、社会主義思想に関心を持つ、多くの読者がいたことを示している。一九七〇～一九八〇年代の韓国において、日本語で書かれた社会主義文献を学んだ大学生も多く、「途上国」世界からの留学生は、日本における社会主義文献の豊富さに驚いていた。

社会主義思想は、現実変革の理論として、日本の学生にとって、最も身近な存在であったと言えよう。一九六〇年代前半期の日本において、平和の実現へと人びとをいざなう決定的な力が宗教にあるとは思われなかった。なぜなら、ほとんどの宗教は、日本の侵略戦争に積極的に加担してきたにもかかわらず、何ら自己批判すら行っておらず、圧倒的多数を占める仏教教団は、ベトナム戦争反対の声明すら出していなかったからである。したがって、変革と平和を求める多くの人びとにとって、差別・抑圧に抗してきた社会主義思想に関心が向けられるのは、不思議なことではなかった。

六〇年代における社会主義思想への関心は、自己変革をもたらし人間を行動に駆り立てるその「思想性」にあったように私には思われる。当時の幾人かの友人に聞いてみても、私の指摘は、さほど的外れではないという印象を受けた。私の場合、『経済学・哲学手稿』(一八四四年)におけるマルクスの「類からの疎外」の指摘とその克服の方向性の明示から、宗教的「めざめ」に近い実感を得た。日本において「疎外論」は、一時期「流行」したが、そこにはイランやアフリカの場合に見られるような、欧米中心主義的価値観の支配がもたらす「文化的疎外」の把握、それを克服するための「意識化」による自己変容の課題と宗教のもつ人間解放の結合の視点は見られなかった。

この課題に取り組んだのが、一九七〇年代の「途上国世界」であった。一九七〇年代における世界の社会政治的変革運動において、従来とは異なる特徴が現れてきた。イランのアリー・シャリーアティは、「類からの疎外」を欧米中心主義的価値観の支配がもたらす「文化的疎外」として捉えなおし、その現実をイスラームの現代化によって克服することを提起した。また、南アフリカのスティーヴ・ビコは、土着文化に導かれたキリスト教の捉えかえしを基軸として、社会的・精神的疎外状況の克服を目指す「黒人意識運動」を提起した。

「途上国」は、一九七〇年代には欧米の政治・経済・文化の一体的支配の下にあったが、その根幹は「文化支配」にあった。それに抗するため、民衆に最も親しみのある生活文化としての宗教に本来的に内在する「精神と社会」の非分離性、人間の平等性、主体化と連帯を基礎にした、貧困と抑圧に対する闘いが途上国に展開された。

キリスト教を基軸にした南アフリカの黒人意識運動(Black Consciousness Movement)、ラテンアメリカにおける「解放の神学(Liberation Theology)」による社会変革運動、一九七九年のイラン・イスラーム革命、——これらは共通にその地域に根ざした宗教の現代化を通じて展開された、非暴力による民衆の主体的な社会政治変革運動であった。南アフリカの黒人意識運動は、一九八〇年代以降、黒人という枠組みを超えて「状況神学（Contextual Theology）」へと発展し、白人を含む全人種の心を捉えることによって、一九九四年には、非暴力によってアパルトヘイト体制を平和的に撤廃させた。

これらの土着文化・宗教基軸の運動には、欧米近代に特徴的にみられる「人類の普遍的文明」としての「ギリシア」をモデルとした「理性的個人＝近代欧米人」というイデオロギーから出発するのではなく、「他者」「外部性」からの出発が基軸となっている。そこには、霊性、すなわち外部性としての絶対者によるわれわれへの「はたらき」によって引き起こされる、「人間的めざめ」を基礎にした人間相互の繋がりと非暴力主義による平和実現の方向性が共通に見られる。ここにはまた、共通に、「霊性（Spirituality）」が位置づけられている。この小論では、宗教における霊性と平和実現の関係について、明らかにしたい。

1　解放の神学と霊性

霊性（Spirituality）という言葉は、一般的には耳慣れない言葉であるが、「幽霊」や「お化け」を指す言葉ではなく、宗教的には絶対者による人間救済の「はたらきかけ」を意味する。浄土真宗的に言えば、阿弥陀仏による衆生救済の呼び声、それによって自己中心主義的「自己」が真実の自己へと転ぜられるはたらきと捉えることができる。まず、一九七〇年代にラテンアメリカに生まれた「解放の神学」において、霊性という言葉が何を意味するのかを、グスタボ・グティエレスの『解放の地平をめざして――民衆と霊性の旅』（新教出版社、一九八五年）を中心に見てみたい。

解放の神学とは、中南米、東南アジアなどの「第三世界」における貧困と抑圧に対して、福音の視点から真剣に取り組み、その解決を目指す神学である。「飢えと死にたえず脅かされ、極貧と弾圧と、搾取という出どころのない構造的暴力の中で、南米の大多数の『うめいている貧しい人びと』

と共に生き、またこの人びとと連帯して生きようと、己をすてて献身する人びと」（四頁）の一人であるグスタボ・グティエレス神父は、霊性について次のように述べている。

「霊性とは、愛と生命の霊に従い、自由の内に歩むことである。この歩みの出発点は、主との出会いである。……出会いは、神からの働きかけによって起こる」（五五頁）。

霊性とは、外部性としての神との出会いによって、神のはたらきかけによって、自己中心主義から解放され主体的に生きる道が開かれることを意味する。「神に信頼をおき、それに従って行動すること」が霊（神）に従う生き方であるが、これは「死（自己中心、他人を軽蔑すること、貪欲、偶像崇拝）を拒み、生命（愛、平和、正義）を選びとることである。…霊に従って生きるとは、神と人びとの奉仕に、自分をさし出すことである」（一一一頁）。霊に従って生きるためには、貧しい人びとと共に歩み、貧しい人びとに献身しなければならないとグティエレスは考える。そのとき「貧しき人びとの顔に顕われ、またかくされている主との出会いを体験する」のである。

霊的な生き方の出発点は、グティエレスによれば、回心であり、それは「そのときまで生きてきた生活をたちきり」、「貧しい人びととの側に立ち、彼らの解放に取り組むという決断」をすることである。また回心とは、「わたしたちが、自分の生き方とこの社会に、罪を認めることを意味する。それは、神との関係と人びととの連帯を傷つけ、正しい人間の社会を築くことを妨げることに気づくことである」（一四八頁）。当然のことながら、回心が一貫したものとなるためには、貧しい人びとを生み出す社会のからくりを暴き出すに至るものでなければならない。グティエレスは次のように述べている。「…苦しみをもたらす『一般化した極貧の状況』の構造的原因を理解せずに、どうして（貧しい人びとの苦しむ表情に）主キリストを認め、貧しい人びととの連帯を生きることができるのだろうか」（一五一頁）。

グティエレスは、ラテンアメリカ社会に根付いているキリスト教の概念としての「霊性」を基軸にして、貧しい人びと連帯することによって、「かくされている主との出会い」の体験が可能となるばかりでなく、さらに人間の精神的解放は必然的に社会的解放と一体化することを示した。このように、霊性は自己中心主義のおろかさをわれわれに自覚させる、自己超越のはたらきとして、また抑圧をはねのけ、平和実現の行動に立ち上がらせる力として、捉えられている。

では、日本において霊性は平和とかかわって、どのように捉えられているのであろうか。これについては、鈴木大拙が興味深い視点を提示している。

2　鈴木大拙の霊性論と平和

鈴木大拙（一八七九―一九六六年）は、戦後の一九四七年に出版された『日本の霊性化』（法蔵館）の「第一講　今日の世界と日本的霊性」において、世界平和を実現するためには、核戦争による人間絶滅の「心理的恐怖」と「（相互の）経済的利益を契機にした」世界平和の理念を進めて行くことのみでは、不十分であることを指摘する。このような考え方は「外面的・統制的・抑圧的傾向をもっているので」

不十分であり、それを克服するためには、「内心からの自主性をもった精神的推進力」が必要である。その推進力が、霊性であると鈴木大拙は主張する。彼は、戦中期から宗教（仏教）の形骸化を克服する霊性論を主張しており、その延長線上に戦後の平和論が位置づけられている。

鈴木大拙によれば、霊性とは形相をもたず、学問的知識・科学的知識、「分別識（分別意識）」を超えたものである。また霊性とは、個体に存在の意味を与えるものであるが、個体とは同一ではなく、超越的存在である。「人間の意識または心として知られている働き」は、二分することができ、一つは「分別識（分別智）」と呼ばれる科学・学問的認識であり、もう一つは「無分別識（無分別智）」である。霊性とは、「分別識」では捉えることの出来ない「無分別識」の「はたらき」に与えられた「仮名（けみょう）」（非実体的な、仮につけた名称）である。霊性を知るためには、霊性と自己とが一体化することが必要である。これが鈴木大拙の述べている「霊性は自覚によりて自己となる」という意味である。これは、自己を超えた自己が、個別体としての自己を見ることであり、「個己が超個己を通して自らの姿に還ったものである」。このような状態は、真実にめざめさせられた真実の自己、霊性の「はたらき」によって自覚化された自己と肉体をもった煩悩的自己の絶対的「矛盾的自己同一」である。鈴木大拙は、このような霊性化された人間こそが、平和建設の主体者になれると考えたのである。

鈴木大拙は、一九四四年に「出陣」前の大谷大学の学生に、次のような見送りの言葉を述べた。「諸君は戦場にいっても、決して敵を殺してはなりません。あなたたちも、決して死んではなりません。

たとえ捕虜になってもいいから、元気で帰ってください」。これに対して、その場にいた陸軍省の配属将校は、演壇に駆け昇って、鈴木大拙をなじったと言われている（信楽峻麿『親鸞はどこにいるのか』法蔵館、二〇一五年、二二頁）。権力に怯えることのないこの発言は、霊性化された人間の姿の具体例である。

鈴木大拙の霊性論は、平和建設における人間の主体化のあり方、すなわち平和を脅かす勢力に対しては明確に反対行動を行える主体者像を提起している点において、今日的意義をもっている。また彼の霊性論は、次のように国家神道を明確に否定している。「今後の日本人は霊性的に生きてゆかねばならぬが、決して神道的イデオロギーを採りいれるべきではありません。日本の霊性化を図るには、どうしても、神道思想や尊王思想などと云うものに養われて来た奴隷根性・島国根性・依他根性などと云うものを全然放棄して、自主・自由の人間となることが第一です」（『日本の霊性化』一九四七年、一六八頁）。彼のこのような「神道」観は、戦後に現れたものではなく、すでに『日本的霊性』（一九四四年）にみられる。鈴木大拙は、神道に日本的霊性が存在しないことを次のように述べている。「…我等は『神道』的なものに対して何となく日本的というものを感じないわけには行かない。それは事実であるが、そうしてその点において我等日本人はいずれも『神道』者である。が、そこには何となく物足らぬ感じのするのを禁ずることは出来ぬ。それはどうも『神道』的直覚に日本的霊性的なものがないからだと云わなくてはならぬ」（『日本的霊性』大東出版、新版第一刷発行、二〇〇八年、一九三頁）。なぜなら、神道においては、「単純で原始性を帯びた直覚」が一たび「否定の爐鞴（ろはい）をくぐってこなければ」ならぬという、霊性的となるに必要な過程が存在してないからである。大拙は次のように述べている。「…神は正直の頭に宿るだけでは未（いまだ）しである。その神もその正直心も清明心も悉く否定せられて、すべてが一たび奈落の底に沈まねばならぬ。そうしてそこから息吹返し来るとき、天の岩戸が開けて来て、天地初めて春となるのである。神道にはかくの如き霊性的自覚の経験が欠けている」（『日本的霊性』一九四―一九五頁）。

このような霊性を基軸にした、「神道批判」には今日の「国家神道」復活の狙いに対する批判として有効性が存在する。しかしながら、不十分さも存在する。それは、霊性に基づく平和実現の理論的構造化が不明確であること、人間の主体化と他者との繋がり・相生のあり方と霊性がどのように関係しているのかの提起がみられないことである。

確かに、鈴木大拙は霊性の「はたらき」としての自己超越について述べ、その自己超越を可能ならしめる「はたらき」は、自己自身の内から生まれるものではないことを述べてはいるが、その内容は観念化されたものである。彼の論理構造の中には、自己を超えた、観念を超えた自己の外にある「他者」は存在しないがゆえに、具体的な他者との相生のあり方、相互の助け合い・活かしあいへの言及が生まれないのである。

この問題点は、霊性論における絶対的「矛盾的自己同一」の内容ともかかわる。それは「個己が超個己を通して自らの姿に還」った状態における、「個己」と「超個己」との関係である。両者の関係が全く同一であるなら、自己が「絶対者」として完成したことになる。そうなれば、自己発展を遂げるために必要な現実世界における他者との繋がりは存在しなくなり、平和実現における相生関係は生まれない。鈴木大拙においては、絶対者と自己との縦軸関係は存在するが、自己と同じ仲間としての人びととの横軸関係は存在しない。

この「自己同一」の克服については、すでに親鸞が理論的に解明している。親鸞に依れば、現世において信を得た人間、すなわち、自己中心主義の愚かさにめざめさせられた人間は、「現生正定聚（命終われば仏となることが定まった仲間）」の位に入ることになる。そのような人間は、心は浄土に住んでいるが、肉体的には現世において煩悩を具足している。しかし、信を得ているがゆえに、煩悩は現実の葛藤の中で、平等な仲間たち（正定聚）との交流・助け合い・活かしあいを通じて、さとりへと転ぜられ、やがてはその煩悩が尽きた時、現世でのいのちが終わって仏となるのである。したがって、鈴木大拙における絶対的「矛盾的自己同一」としての「わたし」を親鸞は「（命終われば仏となることが決定しているという点において）弥勒とおなじ」であるが「（信心の内容においては）仏とひとし」と区別して呼ぶことによって、その「同一」性のもつ固定性を否定している。

鈴木大拙は、すでに見たように平和実現において「人類絶滅の恐怖」と「経済的利益の優先」だけでは、不十分であり、それを克服するために、自己中心主義を超えた新たな自己形成を可能ならしめる超越的「はたらき」としての「霊性」を提起している。この視点は、一九七〇年代の解放の神学や黒人意識運動とも共通項をもっているが、他者との連帯が構造化されておらず、そのことが「新たな自己」の安住と絶対化をもたらしうる。これによって、平和実現の課題が「個人」のあり方に矮小化される危険性が生じ得る。

まとめ

平和実現において、霊性の問題は重要性をもっている。なぜなら、そこには平和実現を可能ならしめる「古き自己をのり越えた、新たな自己の誕生」と行動へのいざないがあるからだ。仏教において、「霊性」は従来の伝統的な概念には存在しないが、外部性としての絶対者（思想とは区別された絶対者）による衆生救済の「はたらき」（例えば「本願力廻向」）として捉えることができる。人間釈迦に仏をみて、救済の呼び声を聞いた弟子・阿難（アーナンダ）の姿、諸仏（生きとし生けるすべてのもの）に仏の呼び声を聞くことによる自己変容が信仰の原点であることを親鸞は強調する。彼はまた、同時に、そのような人びとだけの連帯にとどまらず、多様な人びととの交流・平等な連帯を強調する。それが蓮如の時代に自治共同体としての惣村や寺内町に組織的に存在するようになる。ここにおいては、社会生活と信仰は一体化される。

霊性のはたらきによって、自己は客観化され、自己と他者との相互の水平的な繋がりと相依性、精神と社会の非分離性が把握されるようになり、自己の存在は他者の存在によって成り立っていることが理解される。またそれは同時に、現実の論理的分析を要求する。その分析が、主体化された人間の行動をより明確にする。

霊性は、現状肯定の意識に、「それでいいのか」という揺さぶりをかけ、人間疎外・社会的疎外の現状を自覚させ、自他の連帯による行動を促すものである。さらに、霊性のはたらきは、宗教の立場にみられがちな、精神と社会の二分化を打破し、現状分析のための科学的知識の必要性をもたらす。また、霊性は、科学中心主義の立場に立って、宗教を拒否する人びとにも、両者の存在意義の理解を促すものでもある。霊性は、宗教者のみに理解できるものではない。人間は本来、類的存在、すなわち、ものごとを二重化し、個物の中に普遍を見出せる存在であるが故に、霊性は基本的に誰にでも理解できるのである。もしできないのなら、その分野の力量を高めればよいのである。

南アフリカにおける反アパルトヘイトの闘いの基盤には、霊性のはたらきと通底する伝統的土着文化としての、相互関係性を基軸とした「ウブントゥ」概念がある。ウブントゥは南アフリカに暮らす人びと、白人、黒人、カラード（混血）、キリスト教徒、社会主義者、などの差異を超えて、自己の思想の根底に存在するものである。宗教者と社会主義者の連帯は、この概念の自覚化によるものであり、全人種平等主義に基づく非暴力運動の結果、一九九四年にアパルトヘイト体制は撤廃されて民主的な南アフリカ共和国が生まれた。

霊性のはたらきは、宗教者を社会主義者に接近させることをうながし、そのことが社会主義者を宗教者に接近させた。その接近によって、相互の理解の深化が南アフリカでは可能となったのである。このことが社会主義思想の人間論を豊かにし、また宗教の内容をも豊かにして宗教を現代に甦らせた。霊性は、「このままでいいのか」と一人一人に態度決定をせまるはたらきである。これは今日の日本において、最も重視しなければならない点である。平和実現における霊性の役割は、いままでとは違った角度から、異なった者同士の相互理解、助け合い、学び合いによる連帯を可能ならしめることであろう。かくしてうまれる多数者の運動こそが、平和実現の確かな力になるのではなかろうか。

社会主義と宗教の対抗から協力関係へ

島崎　隆

1　本書に流れる問題意識①

本書『宗教と社会主義との共振』は、村岡到氏を初め宗教者など多彩な論者による論文集であり、宗教と社会主義の関係を再構築しようとするものである。さらに、村岡氏があらたに提唱する「友愛社会主義」が第二のテーマとして加わる。ここでは、過去のソ連・東欧の社会主義をどう反省するかという重い問題が貫いていると見られる。というのも、この社会主義体制では、おおむね宗教（ロシア正教など）が弾圧されてきたという経緯があり、旧ソ連では多くの教会が破壊され、聖職者が弾圧されたからである。当時日本でも、コミンテルンと共産党の指示によって、一九三一年に宗教打倒演説会が開かれ、日本戦闘的無神論者同盟が結成されたりした。宗教が一般に階級支配の道具となっているので、それを批判・撲滅すべしというのである。まさにここに社会主義側からの宗教批判の根があった。そして社会主義側からすれば、多くの宗教が現実の矛盾から目をそむけ、信心を利用して心の問題へと目をそらすように見えたことだろう。さらにかつてのソ連を中心に、階級闘争の名のもとに、同じ左翼政党のなかでも、反対派にたいする粛清がおこなわれてきた。これは「友愛社会主義」とは正反対の態度といえる。ここに文化大革命などをおこなった、中国社会主義体制の問題を事例に加えることもできよう。「自由」と「平等」はかつて社会主義のなかで議論されてきたが、友愛精神をいかに社会主義のなかに位置づけるかということが新たな課題となる

本書には、編者であり社会主義者である村岡氏を初め、浄土真宗の僧侶（北島義信氏）、親鸞研究者（亀山純生氏）、キリスト者（下澤悦夫氏）、大本教幹部（鹿子木旦夫氏）、創価学会員（二見伸明氏）、哲学研究者（碓井敏正氏）など、多彩な人々が集まっており、まことに興味深い。本稿の短いスペースでは、各論者の主張を丁寧に紹介できないことをまずお断りしたい。いずれにせよ、キリスト教であれ仏教であれ、宗教と（とくにマルクス主義の）社会主義の立場が、双方ともリスペクトしあって戦争と平和の問題などを共同で解決していこうという方向性の点では、本書におけるすべての論者が一致しているように思われる。

以上の意味で、北島氏の「現代における宗教の役割と社会主義」によれば、社会主義側が宗教にたいして、仏教者・親鸞に倣って外部の他者への、そして社会への働きかけを呼びかけるべきだという。逆に氏は、宗教側が社会主義にたいして「煩悩的存在としての人間」のもつ「仏性」に目覚めて、他者の救済を呼びかけるべきである、とされる。この方向性にはおおむね納得がいくが、両者の立場がその内部からいかなる論理でそれをおこなうことができるのか、とさらに問われること

だろう。

この点で亀山氏の「日本仏教が社会変革運動と『共振』しうる主体的条件」では、より詳細に、日本仏教、とくに親鸞の浄土教が社会変革と「共振」する主体的条件は何かと問うている。第一に、総括的にいえば、亀山氏は、個人の苦を解消し、「こころの平安」を求めること自体が社会的意義をもっていることをまず確認する。たしかに、人びとが宗教と信仰によって「こころの平安」を首尾よく得られれば、広く社会問題の解消にもつながるだろう。そしてまた、絶望からの犯罪や自殺も減ることと思われる。以上に、宗教のもつ社会的方向性への第一歩がある。第二に、社会性との関連でいえば、親鸞において出家主義から「在家主義」へと転換がなされ、それと結合して、他力の念仏のなかで、実はそこに「自己努力」が必要とされ、それが肯定される点が挙げられる。「自己努力」と「在家主義」という方向性は、おのずと仏教の外交的努力と社会性を増大させることだろう。第三に、親鸞の「二種回向」論は、単にいかに自分が往生成仏できるかということだけではなく(「往相回向」の側面)、その結果、世俗にもどって広く利他行に努めることを含む(「還相回向」の側面)。以上三点によって、親鸞においては、浄土の働きがまさに現世社会に現れるものだと結論される。だから単に、こころの平安だけに問題関心は限られないといえよう。こうして、亀山氏によれば、親鸞こそ社会変革への参加の道を開いたのである。

要するに法然や親鸞は、当時の中世社会の上層階級や支配層に目を向けていたのではなくて、戦乱、大火、竜巻、大飢饉、大地震、疫病などが打ち続く「災害社会」のなかで、もっとも苦しむ社会的弱者を直視していたのである。「その意味で親鸞浄土教の固有の社会的意義は中世の支配的秩序への抵抗者、抑圧の中で生活圏域を確保しようとする弱者・貧困層の抵抗運動の励ましになった点にある」(1)。それゆえに、彼らは当時の有力な正統派仏教からもまた非難されたのである。

2　本書に流れる問題意識 ②

さて続いて碓井氏の「友愛社会主義の根拠と可能性」では、いままで自分が個人の自由を重視する「政治的リベラリズム」の立場だったが、その点、いままで「友愛社会主義」について論じたことがなかったと述懐する。だが、社会主義の人間的根拠を探ると、そもそも人間が「協働的・コミュニケーション的存在」である以上、さらに「ケア」という行為に注目すると、友愛は当然の人間的活動となるだろう。友愛は市民社会における活動の絆である。氏はハーバマースの連帯社会主義にも注目するが、この「連帯社会主義」と「友愛社会主義」をかなり近いものと見ている。氏の解釈するハーバマースによれば、私たちの生活世界は「貨幣（資本主義）」と「権力」の支配にさらされているが、この二つの力に対抗できるのが、規範的問題意識にもとづく、市民相互の「連帯の力」なのである。この友愛社会主義は一国の社会主義にとどまってはならず、いかに人類全体へと拡張できるかが問われているとされる。

他方、キリスト教は「愛の宗教」といわれ、仏教も「慈悲」の思想をもつ。宗教が扱う心の問題は、現代的広がりをもつが、社会科学的認識に偏りがちな社会主義が苦手としているものだと指摘される。ここに両者の相補性が見られるといえよう。

さて、友愛精神がフランス革命時のスローガン「自由・平等・友愛」から由来することは周知のことである。「友愛（フラテルニテ）」がフランス的原理であるとすれば、「連帯（ゾリダリテート）」はドイツ的原理であって、少しそこにニュアンスの差があるだろう。ここで私は哲学者ヘーゲルの思想発展を想起したい。フランクフルトに住んでいた頃の若きヘーゲルは信仰と「愛」を自らの根本原理にして、キリスト教団の活動に注目していたが、その後、イエーナに移住したのち、近代市民社会の発展を眼前にして、労働と欲求を原理とする市民相互の社会経済的活動と「承認」の行為へと哲学的原理を転換したのである。一言でいえば、宗教から哲学への転回である。だがもちろん、愛は依然として重要である。「友愛」を含む愛とは、強い絆を形成する感情であるが、それを理性的に補うのが相互承認の活動であり、そこで連帯の精神が生まれると考えられる。友愛は感情的な原理であり、承認と連帯は理性的な原理である。だが、両者は相補的な面をもつだろう。愛のみでは盲目となり、承認のみでは、相手を評価することがあっても、人間を強く結びつけはしない。「連帯社会主義」と「友愛社会主義」は、力点の差があるとしても、人間的つながりの重視の点で相互前提的なものとみなせるのではないだろうか。

本書の最後において、村岡氏の「親鸞を通して分かること」では、親鸞について何人かの論者に依拠して解説される。とくに親鸞の平等主義に注目して、その思想が社会主義の核心でもあると考える。これには賛同したい。氏は、服部之總が「政治と宗教にはズレがある」と指摘したことなどを考慮して、宗教はおもに〈心の問題〉を扱い、政治は〈社会のあり方〉に重点を置くと切りわけ、だが、両者の根源には「人間の幸せ」を希求するという共通性が存在すると結論する。さてこの点では、当の日本共産党が何をいっているのかを見ることは重要だろう。共産党の宗教委員会の責任者であった日隈威徳氏は、自分たちが「反核平和、民主主義、憲法を守る、社会的ヒューマニズム」などの点で宗教者と一致してきたし、それに加えて、「人間愛＝根源的ヒューマニズム」という価値を共通なものとして挙げたい、と指摘する。(2) これはおおいに注目すべき点である。さらに一九七五年に採択された、共産党の「宗教決議」が注目されるべきだが、ここでは触れない。(3)

3　いわゆる「創共協定」について

ところで創価学会といえば、共産党との「創共協定」（一九七四年に締結）が思い起こされる。二見氏の「インタヴュー」によれば、この協定の推進に池田大作会長（当時）は積極的であったが、公安当局の意向も介在し、当時の竹入義勝、矢野絢也らの幹部は反対であり、この試みは成立した途端挫折してしまった。これが成功すれば、まさしく宗教と社会主義の大きな連携の試みとなったことだろう。

この点で、村岡氏は宗教と社会主義・共産主義の共存・共同のモデルとしての、この創共協定にきわめて強く注目しているので、この問題に是非触れておきたい。複雑な内部事情をもつこの問題を詳細に論ずることはできないが、すでに村岡氏は『「創共協定」とは何だったのか』と『池田大作の「人間性社会主義」』の二つの関連著作を著しているので、これを紹介したい。

事の出発点は、一九七四年七月に、池田会長（当時）が宮本顕治委員長（当時）と雑談をしたいということが伝えられ、宮本がその趣旨に賛同したということにある。そのさい、作家の松本清張が仲介の労を取った。そのあと両者側で折衝がなされ、一二月に松本宅で両者がなごやかに懇談したのだという。話が進んで、七五年に「創共協定」も公表されたが、創価学会（秋谷栄之助）と公明党（矢野絢也）がこの協定の趣旨に反対した。池田もこの段階になって、「共産党と共闘する意志はない」と表明して、態度を変えた。(4) 詳細は村岡氏の著作を参照願いたいが、要するに、創価学会側、とくに池田が共産党との協力関係に乗り気であったが、創価学会、公明党側で強力な反対があり、協定はただちに死文化してしまった。「人間性社会主義」を唱えていた池田は、この協定を進めようとしたが、竹入、矢野の公明党幹部の圧力に屈して、しぶしぶ死文化に賛成したのだとされる。事情の説明として先の二見氏の見解と一致するだろう。

二人を仲介した松本の印象では、池田の熱意もあって、二人は相当に意気投合したようである。(5) たしかに池田は協定を結びたかったのだろうが、その本心は私にはわからない。もし池田が共産党と協力関係になることを熱望したとすれば、その思想的根拠は彼の唱えた「人間性社会主義」にあるだろう。村岡氏は、池田『政治と宗教』（一九六四年）の第五章にある「人間性社会主義」の項目の全文を引用している。[6] そこでは資本主義経済体制の根本矛盾が批判的に描かれ、大衆福祉を実現するために、人間性を尊重する、価値の平等および「相互扶助」の考えが提唱される。だが、こうした社会主義志向は段々と創価学会や公明党からは消えていった。

創共協定の死文化については、いろいろと不明なところがある。それは措くとしても、創価学会・公明党については、さまざまな疑惑が見られる。第一に、この両組織の癒着の体質であり、地方に行けば、この両組織の事務所は同一な場合が多い。信仰の証として、公明党への投票が強いられたりする。政・教が分離していないのだ。池田会長（当時）は一九六五年当時、両組織は「同体異名、一体不二」と断言した。こうして両組織のありようは、前近代的である。第二に、一九六〇年代から発生した、創価学会批判にたいする言論への妨害事件（藤原弘達氏の著作にたいして）である。ここには、批判のための市民の自由な出版活動を許さないという前近代的な姿勢がある。第三に、一九七〇年代以後、宮本委員長（当時）宅への電話盗聴行為であり、これは北条会長（当時）が関わったといわれる。第四に、自民党への補完勢力としての公明党の役割である。公明党が協力しなければ通らなかった悪法も多い。池田自身の人間性が疑われる事件も多い。以上の問題の数々を銘記すべきである。

4　宗教と唯物論

たしかに宗教団体のいくらかが、貧民救済、平和運動など、社会的活動をしてきたとはいえ、宗教は〈心の問題〉を主要なものとして扱ってきたといえる。社会変革を目指す社会主義などの立場と心の平安を主要問題とする宗教とを並べると、こうした役割分担は妥当のように見える。それぞれが得意分野を生かしつつ、相互に協力をしていくということである。だが、より深く考えると、そこにむずかしい問題が潜んでいるように思われる。それは、村岡氏が提起した、若きマルクスによる「宗教は人民の阿片である」(「ヘーゲル法哲学批判序説」)という文言にも関わる。歴史上、この文言はあまりにも粗雑に解釈されてきて、かつ誤解されてきた。この議論を私はかつて十分におこなったので、参照をお願いしたい(7)。マルクス、エンゲルスが端的にいいたいことは、いかに輝かしいことがあったとしても、宗教上の神が「幻想上の太陽」(マルクス)であり、人間疎外のなかで産出されて崇拝されてきたものであって、宗教は一種のイデオロギー、虚構物であるということだ。もちろんこのことによって、多くの宗教者たちが深い信仰心によって実に偉大な活動をしてきたという事実を否定するわけではない。だが、近年のオウム真理教事件を初め、信仰心ゆえの狂信的行為も多く、他方、権力と癒着して、国民を惑わしたことも多かった。以上が(史的)唯物論からの宗教批判である。マルクス、エンゲルスらは、宗教が「阿片」のように危険かつ有害なものだから、ただちに撲滅すべしなどとはけっしていってはいない。それをいうのは、ソ連・東欧の社会主義に見られた科学的な啓蒙主義からの批判である。マルクス主義は宗教にたいする科学的・合理的批判を含みながらも、主要には、宗教的慰めを必要とするような社会を実践的に変革することによって、宗教がおのずと消滅することを狙うのである。

ここで、そもそも宗教とは何かという定義も必要となる。すでに村岡氏は宗教の定義として、「宗教とは、人間の内面的世界の安心を求めて、何らかの超越的なものを信仰する行為で、絶対的な性格をもつ教義と教祖を不可欠とする」と説明した（氏は後ほど、前記の「不可欠とする」を「を求める傾向がある」と書き換えた）。私はこの定義を首肯したい。より簡潔には、私は亀山氏の三つの規定に従い、補いたい。つまり氏によれば、

①神や仏など、何らかの「超越的・超自然的存在」の承認とそれにともなう世界観

②信者の信仰の行為、儀礼という実践の側面

③社会的・文化的に客観化された制度、システム(8)

が存在する。以上は、宗教問題の前提条件として、厳密に考えられなければならない。と同時に、世の中には過去から現在まで、宗教かどうか、曖昧なものも多いが、そういう中間物があるのが歴史現実であることを了解しなければならない。以上を前提としないと、ある事象が宗教かどうかが説明できず、宗教が永遠に存在するかどうかという問いに適切に答えられない。

さて①では「超越的・超自然的存在」が信仰対象となるのだから、自然そのものを崇拝するとか、偉大な人間を崇拝するとかということは、ここには妥当せず、宗教とはいえない。あくまでこの世のものでないものを信仰するのだ。そしてそこに一種の世界観と教義が付随する。②では、その対象を礼拝したり祈ったりする行為が必要である。祈りは宗教の実践であろう。そこに一定の儀礼の

様式が付随する。①なしにただ祈ることだけでは、宗教にはならない。③はやや副次的であるが、宗教上の制度や組織があり、それに依拠して宗教活動がおこなわれる。

以上を考慮すると、宗教に似ているが、非宗教的な行為、儀式、システムがたくさんあることがいえる。ところが宗教を信ずる人は、それらをすべて宗教に入れてしまうので要注意だ。たとえば、ある人が「お金が大事だ」など、何らかの強固な信念をもっていたとする。宗教を信ずるひとは、「お金？　それがあなたの宗教ですよ」というかもしれない。続けて、「もしそうならば、世界で最高の宗教を信じなさい。それが○○教です」と、その人を勧誘するかもしれない。だが金銭の崇拝は以上の①の規定に外れるので、宗教ではないのだ。こういう人にとって、良くも悪くも、宗教は永遠に続く。また逆に、世界に何か超越的なものがある、神秘的なものがあると思うだけでは、まだ宗教ではない。そういう人は②、③の規定を欠いているので、単に神秘主義の思想家になるだけである。単なる葬式をおこなう（無宗教の葬式）、平和を願い鳩を放つ、なども、①がないかぎり宗教的行為とはいえないだろう。

いうまでもなく、人生上の苦悩や困難についての解決法として、宗教は大きな意味をもってきた。だが、さらに医院の精神神経科に見られるように、心理療法、カウンセリング、何らかの訓練法によっても悩みの解消につながることがある。フロイトの精神分析、ユングの分析心理学、森田療法などは著名である。最近は、アドラーの個人心理学が人気を呼んでいる。これらはもちろん、宗教ではない。私自身はかつて、断食をおこない、吉本伊信の内観、さらに超越瞑想などを長期間試みてきた。だがこれらは、以上の規定に従えば、けっして宗教ではない。私が長期間やってきた断食と瞑想は宗教上の二大修行法ではあるが、それ自身はけっして宗教ではない。現代では、断食も瞑想も科学的に解明されてきている。「哲学カウンセリング」（ピーター・ラービ）というものまである。心理カウンセリングの哲学版である。以上はすべて、宗教が扱うような人生上の問題の、非宗教的な解決法である。そしてそれらは実際、世の中で大きな比重を占めているし、深い人生の理解ももっている。たとえ宗教がなくなったとしても、以上のような非宗教的な解決法は永遠になくならないだろう。これらの療法の類はある意味、科学的・合理的なものであり、必要なものといえる。これらの療法は、かならずしも神仏を想定していない。最後に、共産主義について一言。マルクスらのいう共産主義とは、人間疎外が消失し、神仏に祈る必要がないと想定される理想状態である。それは（いまのところ）ユートピアだが、『資本論』に見られるように、その現実認識の方法は科学的であり、かつ現実批判的である。

〈注〉

（1）亀山純生『〈災害社会〉・東国農民と親鸞浄土教』農林統計出版、二〇一二年、三四八頁。
（2）日隈威徳『宗教政治論の試み』本の泉社、二〇一三年、九七頁。
（3）村岡到『「創共協定」とは何だったのか』社会評論社、二〇一七年、一九頁以下。
（4）以上、村岡到、前掲書、八頁以下参照。
（5）村岡到『池田大作の「人間性社会主義」』ロゴス、二〇一九年、六一頁以下参照。

(6) 前掲書、二〇頁以下参照。

(7) 拙論「唯物論と宗教の関係はいかにあるべきか?」、東京唯物論研究会編『唯物論』第八〇号、二〇〇六年、四一頁以下参照。さらに私がウィーン大学の教授でありキリスト者であるエルヴィン・バーダー氏と対話したときの論文として、「宗教とどのように対話すべきか――ある『社会哲学者』との交流を通して」(『葦牙』第二六号、二〇〇〇年)を参照していただけるとありがたい。そこでは、氏によってキリスト者がいかに政治や平和の問題に熱心に関わっているかが強調される。また、「宗教は社会的に重要な力をもっている。宗教は社会を変えることができる」から始まって、氏は宗教の役割と機能を六項目列挙している。それらは、日本の宗教では考えられないほどに現実的で力強く提起されている。

(8) 亀山純生『現代日本の「宗教」を問いなおす』青木書店、二〇〇三年、三三頁。

七地沈空も悪くない

——村岡到編『宗教と社会主義との共振』に触発されて

菅原伸郎

1 「われあり」の感動

二十歳を過ぎたころだ。ドストエフスキーの小説『白痴』を読み、青年イポリートのこんな科白を見つけた。何もかもが嫌になっていたころで、地獄で仏に遇った思いがした。

《いったんもう「われあり」ということを自覚させられた以上、この世があやまちだらけであろうと、そのあやまちなしにはこの世が立っていけまいと、そんなことはぼくにとってなんの関係があるというのだ?》（木村浩訳、新潮文庫、下巻、七二頁）。

この「われあり」には、その後もある時はぎくりとさせられ、ある時は勇気づけられた。前後して、J・P・サルトルの『嘔吐』とか、アルベール・カミュの『異邦人』や『反抗的人間』を読みふけったものである。

文学への関心はあったが、一方で社会や政治への関心も捨てきれず、結局、ジャーナリズムの道を選んだ。最後まで居心地は良くなかったが、職業柄、世の大先生にじかにお目にかかれることはありがたかった。たとえば、玉城康四郎・元東大教授からこんな話を伺ったことがある。先生が二六歳のとき、本郷の東大図書館で体験されたことだ。ここではご著書『ダンマの顕現』から引用する。

《何の前触れもなく突然、大爆発した。木っ端微塵、雲散霧消してしまったのである。どれだけ時間が経ったか分からない、我に返った途端、むくむくと腹の底から歓喜が湧きおこってきた。それが最初の意識であった。ながいあいだ悶えに悶え、求めていた目覚めが初めて実現したのである。それは無条件であり、透明であり、何の曇りもなく、目覚めであることに毛ほどの疑念もない。私は喜びの中に、ただ茫然とするばかりであった。どのようにして、本郷のキャンパスから巣鴨の寮まで帰ってきたか、まったく覚えがない……》(一九九五年、大蔵出版、一八頁)。

東京・杉並のご自宅で、八十歳を超えておられた玉城先生は、この体験を若輩の私に昨日のことのように話された。そして、書斎の壁には「天鼓自鳴(てんく・じみょう)」と書かれた色紙が掛かっていた。「法華経分別功徳品第十七」の言葉で、「天のつづみ、自ずから鳴る」という意味だ。「自ずから」というところが大切で、ブッダ・ゴータマが十二月八日の明け方に体験した「お悟り」もそんな世界だったろう。

いわゆる社会派だけでなく、天下国家や経済成長を論じる人たちも含めて、一般社会の価値観からすれば、こうした回心（えしん）とか実存とか呼ばれる体験はまったく無用の長物かもしれない。しかし、ここにこそ仏教の、いや、もしかしたらキリスト教も含めて宗教たるものの真価があるはずなのだ。

2　衆生済度と方便

では、民衆の貧困について、階級差別について、ブッダ・ゴータマはどう語っていたか。仏教には「衆生済度」という言葉がある、だから社会主義とも通じ合えるはずだ、といった発言は仏教界にも少なくない。しかし、原始仏教の研究者、増谷文雄・元都留文科大学学長は釘を刺していた。《はっきりと言わねばならない。後代の仏教者たちはしばしば、ブッダ・ゴータマの出家は「衆生済度のため」であったという。だが、初期の経典に関するかぎり、そのような証拠はどこにもない。そこで語られているかぎり、その出家はあくまでも人間の有限性に由来する自己の不安もしくは苦悩を課題として、その解決を得ようとして出家し、新しい思想家である沙門の仲間に投じたのである。いうまでもないが、彼がやがて得た大いなる解決は、結局するところ、多くの人に救済をもたらすこととなった。だが、その出家が衆生済度のためであったとするのは、やはり、その原因と結果とを逆倒したいい方であることを免れない》（角川ソフィア文庫『智慧と慈悲〈ブッダ〉』一〇三頁、原著は一九六八年）。

原始仏教の専門家たる増谷先生にこう断定されては、寺院も宗門も困るだろう。檀家の方々を前に、本来は「無」であって衆生済度は二の次、とは言いにくい。とくに、浄土宗や浄土真宗が称える「南無阿弥陀仏」はどうなるのか。浄土や阿弥陀仏は実在し、お願いをかなえてくださる存在、ともされているのに……。

しかし、そこには「方便」という、ありがたい道が造られている。たとえば「アミタ」の語根たる「mita」は限度・限界を表す。その前に置かれる「a」はその否定辞。合わせて「無限」の意味だ。「南無」は「namo」という感動の表現だから、合わせて「おお、無限よ、永遠よ」という喜びになる。

どうして「方便」が必要なのか、「無」そのままでいいではないか、という人もいるだろう。それには、背景には、出家者・エリートが中心だった原始仏教時代から、庶民にまで広がる大乗仏教へと移ってきた歴史がある。単に「無」だけでは、現実の悲しみや絶望とどう向き合えばいいのか。そこで「無」の方便法身たる阿弥陀仏が「造られた」のである。

少々寄り道をしたが、帝政ロシアの末期、共産党員だった作家マクシム・ゴーリキーも、小説『母』（一九〇八年）の登場人物にこんな台詞を語らせていた。

《とうとい祭壇を空っぽにしておいちゃいけない。……新しい信仰を考え出さなくちゃいけない。みんなの友となるような神様を造り出す必要がある》（岩波文庫、上巻、九八頁）。

人間の弱さを知っていたゴーリキーは、革命家集団の無神論的傾向に危うさを感じていたのだろう。まさに「方便」として、既存のキリスト教とは一味違う神を「建神主義」として建てようとした。しかし、レーニンらにあっさり否定・黙殺され、ロシアの「社会主義」はスターリンへの個人崇拝に陥っていく。この宗教蔑視の構図は、ソビエト崩壊後も中華人民共和国や北朝鮮へと引き継がれているようだ。

なお、ソビエト時代の宗教については、拙著『宗教をどう教えるか』（一九九九年、朝日新聞社）所収のルポ「無神論国家の決算――ロシア宗教事情」を参照いただければ幸いである。ソ連崩壊直後の、荒廃した教会や戸惑う信徒の様子を報告している。

3　社会と内面と

今回の『フラタニティ』誌からのご注文は、近刊の村岡到編『宗教と社会主義との共振』に関する論評だった。しかし、ここまでお読みいただいた方はお分かりのように、私にはあまりに重い仕事である。というのも、「宗教」については何とか勉強してきたが、「社会主義」についてはまったく不勉強なのだ。とくに、政治的な問題からはもう何十年も遠ざかっている。論評できる資格などないのだが、恥を忍んで、ともかくも参加させていただいている……。

気になったのは、まず「社会主義」とは何を指しているか、である。いろいろあるのだろうが、たとえば科学的社会主義といえば、今日では、旧ソ連ほかの全体主義、一党独裁、統制経済などを指し、それが大失敗だったとの認識は定着していよう。ジョージ・オーウェルの小説『一九八四年』

や『動物農場』などで早くから懸念され、不幸にも的中したことは周知のとおりである。

そこで、以前は相手にもされなかった空想的社会主義に戻って考えてみたく、近年翻訳されたウィリアム・モリスの小説『ユートピアだより』（岩波文庫）を読んでみた。そこには二十二世紀の英国ロンドンの情景が描かれており、まさに典型的な空想的、というよりもノーテンキな社会が描かれていた。とにかく、内面への関心がまったく欠けているのだ。一八九三年の作品だから、作者はニーチェもダイセツ・スズキも知らなかったろう。だが、それにしても「わが死」について、あるいはイエスやパウロについて、いかほどかは語ってよかったではないか。つまりは、本稿の冒頭に触れたドストエフスキーや玉城先生の世界からは遠く遠く離れている……。

次に、わが『宗教と社会主義との共振』の「宗教」とは何を指しているか、である。諸先生の論文を読ませていただいたが、やはり、宗教団体や布教活動や勢力争い、あるいは伝統行事や迷信などが中心になっているように思えたが、どうだろうか。いずれも大切、かつ大変な問題ではあろうが、いつからか、私個人としては関心の薄い分野になっている。

宗教的感動に浸って俗世の務めを投げ出すことは正しいか。それについては、新約聖書「ルカによる福音書」（一〇：三八以下）の、マルタ、マリア姉妹の物語を思い出す。

訪ねて来られた師イエスをもてなさんとて、姉のマルタは台所でせっせと働く。しかし、妹のマリアはイエスのそばに坐りこんで、師の話に恍惚として聴き入るばかり。さあ、どちらが正しいか、という問いである。いらだったマルタは、イエスに「先生、手伝うようにマリアにおっしゃってください」と愚痴るのだが、イエスは「マリアは良い方を選んだ」と突き放す。そんな家事労働よりも聖なる話を聴きなさい、というのだろうか。

このエピソードは、労働か信仰か、あるいは俗世のために尽くすか内面を深めるか、といった選択につながる。中世のマイスター・エックハルト、現代日本では西谷啓治、上田閑照といった方々もさまざまに論じているが、紙数に限りもあり、ここでは諦めたい。

浄土思想でも「七地沈空」といわれる落とし穴が知られている。仏道修行の最終過程には十の階段があり、その第七地に留まっていると、とかく自己満足に浸り、利他の精神を失いがちになる、との警告である。六世紀の人、曇鸞大師は説いていた。

《菩薩七地の中に於いて大寂滅を得ば、上に諸仏の求むべきを見ず、下に衆生の度す可きを見ず、仏道を捨てて実際（涅槃）を証せんと欲す。爾の時に、若し十方（世界の）諸仏の神力の加勧（励まし）を得ずば、即便（すなわ）ち滅度して二乗（小乗）と異なること無けん》（東本願寺『解読　浄土論註』下巻、一〇〇頁）。

「悟り」の世界に浸り切ると、いっさいの向上意欲を失い、世のことなどはすべて投げ出してしまう、というのだ。それはつまり、冒頭でドストエフスキーがイポリートに語らせた《この世があやまちだらけであろうと、そのあやまちなしにはこの世が立っていけまいと、そんなことはぼくにとってなんの関係があるというのだ？》の世界かもしれない。

4　宗教と宗教的真理と

「社会主義」という言葉があいまいであるように、「宗教」にも多くの意味があるようだ。マルクス主義者を自認していた河上肇は一九三七年の「獄中贅語」で書いていた。

《私ははっきり宗教的真理と宗教とを区別する。私は私のいう意味においての宗教的真理を認めるものであるが、しかしそのことは、すでに述べたように、私が神仏の存在を信じることを意味するのではない。宗教的真理を認めたからと言っても、私は依然として無神論者、唯物論者として残るのであり、世のいわゆる宗教に帰依するものではない》（中央公論社『日本の名著・河上肇』一〇五頁）。

この文章については、横浜国立大学教授だった古田光先生が一九五九年に書いていた。

《「非転向マルクシスト」としての河上を賛美する人々の多くはこの「事実」を河上の瑕瑾として無視しようとする。あるいは、「老齢と獄中生活」に由来する錯誤として弁護しようとする。これらは、いずれも評者の善意から出た解釈であることは疑いないが、しかしこの解釈は果して「事実」を踏まえた解釈であろうか》（東京大学出版会『河上肇』一二二頁）。

そもそも、河上の「宗教的真理」とは何だったろう。おそらくは、冒頭に挙げたドストエフスキーの「われあり」などがそれに近いのではないか。そして、教会や寺院や神社などの「いわゆる宗教」はさておき、何よりも「宗教的真理」という視点から考えたく思うのだ。

今回の論文集『宗教と社会主義との共振』では、碓井敏正・京都橘大学名誉教授が《宗教の意義として高く評価したいのは、その超国家的性格である。現世の世俗的権力とその政策よりも、神と教義を重視する宗教者は、しばしば時の権力と対立することになる》（一〇五頁）と書いている。今日の「宗教者」たちにそれだけの元気があるか否かは別として、本来の「宗教的真理」はそうした深さ、つまりは超国家的、あるいは超社会的な性格を秘めているはずである。

さらに、亀山純生・東京農工大名誉教授が《この問題は実は、清沢満之以来の近代主義的宗教観による内面主義的親鸞解釈と不可分である。つまり弥陀帰依による救済は社会の超越によって開かれるのであり、信仰は社会的行為の善悪や倫理とは無縁だとの論理である》（三一頁）などと、近代真宗の流れを紹介していく。そして《親鸞浄土教における自己悲歎の論理は、社会主義など理想社会や共生社会を目指す運動が理想の名の下に反対物に転化していないかを自他に根源的に問い続ける》（四六頁）と改めて期待してもいた。

しかし、この「内面主義」はとかく世の現実から離れ、寺院の奥深く、あるいは山林の中に留まってもしまう。その傾向については、かねて批判も多かったようだ。七世紀の人、聖徳太子も『法華経』安楽行品にある《常に坐禅を好んで閑（しず）かなる処に在って其の心を修摂（しゅしょう）せよ》（岩波文庫、中巻、二四六頁）という一文には引っかかったらしい。その解説書である『法華義疏（ほっけ・ぎそ）』では、皮肉を込めてこう書いていた。

《（彼らは）此（ここ）を捨てて彼の山間（やまのあいだ）に就（ゆ）きて、常に坐禅を好むなり。

然れば則ち、何の暇（いとま）ありてか此の『経』（法華経）を世間に弘通（ぐづう）することをえん》（岩波文庫、下巻、一九〇頁）。

5　交わるか「縦と横」

真宗高田派の僧侶でもある北島義信・四日市大学名誉教授は、『宗教と社会主義との共振』のトップ論文でこう論じている。

《浄土真宗を例にとってみると、絶対者と自己超越という「縦軸」が強調されるあまり、信仰の喜びが自己内に特化され、外部性としての他者、社会へ広がる「横軸」への視点が弱かった。その典型的表れが「妙好人」である……》（二六頁）。

たしかに「宗教的真理」と「他者へのつながり」とは、いわば「縦」と「横」と言い換えられるかもしれない。しかし、次元の違う両者は本当に交わることができるのか、さらに考えたくも思った。そして、この場面に「妙好人」を批判的に登場させることはどうだろうか。たとえば、石見・温泉津（ゆのつ）の下駄職人・浅原才市（一八五〇〜一九三二）はこんな詩を作ってもいたのだ。

わしの後生わ、をや（親。阿弥陀仏）にまかせて、
をやにまかせて、わたしわ稼業。
稼業する身を、をやにとられて、

ごをんうれしや、なむあみだぶつ、なむあみだぶつ。
（鈴木大拙『妙好人』所収、法藏館、一六八頁、原著は一九四八年）。

デモ行進や選挙運動だけが社会参加の道ではあるまい。静かな港町の仕事場で、念仏を唱えながら、自分の「稼業」、つまり労働・生産に励むこともまた、一つの生き方ではなかろうか。文字もろくに書けなかった才市老にとっては、履きやすい下駄を一心に作っている瞬間こそが「浄土」であり、おそらくは宗教的真理と社会生活との交差点に立っていたのかもしれない。そうならば、その世界は尊重しておきたいし、あえて不干渉であることこそが「友愛」ではないか、と思ったのだ。

八十歳を目前にした私は、わが門前の道路に散らかった落ち葉を掃きながら、あるいはCDでモーツァルトを聴きながら、ただ呆然としていることもある。そして、日々の新聞を読み、たまには選挙の投票所に足も運ぶ……。それがかの「七地沈空」といわれるならば、それもまた良し、ではないのか。先の増谷先生はこうも書いてもおられた。

《仏教は人間の宗教である。神をたのむこともなく、奇蹟をまつこともせぬ。そのゆえに、祭祀をいとなむこともなく、祈祷をあげることもない。そのような釈尊の宗教においては、依るべきものとしては、自己のほかにはないと説かれる。（しかし）わたしどもは、この自己調御の道をゆくに、まったく孤独ではないのである。釈尊は私どもの先達として、すでにこの道を開き、この道をゆき、この道を成就して、なんじらも来たれとさし招いている……》（角川書店『増谷文雄著作集』第六巻「仏陀　その生涯と思想」二三八頁、原著は一九五六年）。

南原繁の「人間革命」

――南原繁研究会編『今、南原繁を読む――国家と宗教とをめぐって』を読む

中野　毅

南原繁研究会編『今、南原繁を読む――国家と宗教とをめぐって』は、二〇一九年一一月二日（土）、神田学士会館にて開催された第一六回南原繁研究会シンポジウム「今　南原繁を読む――生誕一三〇年に寄せて」における講演、パネル・ディスカッションを収録したものであり、講演者はイスラム学者の板垣雄三氏、宗教学者の島薗進氏、ディスカッタントには伊藤貴雄、宮崎文彦、晏可佳の各氏ほかが登壇している。

発刊直後にご恵贈いただき、部分的には目を通していたが、ここ数年進めている共同研究〔「占領と日本宗教」再考――連合国のアジア戦後処理と宗教についての再検討（仮）〕の共編著出版のための原稿を仕上げるにあたり、全体を把握したいと読破した。いやはや、その内容は痛烈で濃く、久しぶりに感動したので、お礼もかねて紹介する。

南原繁（一八八九〜一九七四年）は、周知のように香川県で生まれ、一九〇七年に第一高等学校に入学、一九一四年に東京帝国大学を卒業して内務省に入るが、一九二一年には東京帝国大学に戻って法学部助教授、その後、教授を経て、敗戦後の一九四五年一二月に東京帝国大学総長に就任し、戦後の教育改革、新憲法の審議や講和問題などで戦後日本の建設に大きな貢献をした人物である。一九四五年前半の法学部長時代には、高木八尺氏らと英米を介した終戦工作にも携わり（本書一三六頁〜にも詳述）、「天皇の聖断」による戦争終結を主張したのも南原だったと言われている。

思想的には、一高時代の校長だった新渡戸稲造から大きな感化を受け、内村鑑三との親交によって無教会派クリスチャンとしてリベラルな論陣をはった。フィヒテなどドイツ理想主義の研究を基礎に政治についての哲学的研究を進め、日本の「国体」の疑似宗教性を批判し、その成果を『国家と宗教』（一九四二年）としてまとめている。

かの丸山真男も彼の弟子になるが、この南原繁を学問や思想、人生の師と仰ぐ方々によって、南原繁研究会は組織され、長年にわたって研究会やシンポジウム、出版を重ねてきた。それだけでも敬意を覚えるが、この種の会がおおむね顕彰や賛嘆する類いのものが多い中で、南原の仕事、思索を内在的に捉え直すと共に、批判的学問的な検証を行うことにもやぶさかではないことが、本書によって示されている。重ねて敬意を表したい。

講師二人の批判的検証はなかなか読み応えがある。

講演①　板垣雄三氏は、南原が改革した新制東京大学の第一期生で、その後も三〇年以上東大で教え続けたイスラム学者である。彼はキリスト教とイスラムの歴史と競合、教理的展開に詳しい立場から、南原の『国家と宗教』を読み直し、彼のヨーロッパ精神史の捉え方がプラトン／アウグスティヌス／トマス／ルター／カント／ヘーゲル／ニーチェの系譜からマルクス主義とナチズムを位置づけ、日本国家・民族の針路を考究するという、現代からすると余りに狭い西欧中心主義の視点に捕らわれている点、イスラム文明との関係性抜きにはキリスト教や欧米社会文化の発展を理解できない点、また南原のキリスト教の理解もその多様性やユダヤ教などへの顧慮がまったく欠落している点などを驚くほど鋭く批判している。

板垣氏の批判は、現在の学的レベルからは当然であるが、それだけでなく、当時すでに進展していた研究への目配りが足りなかったと、内在的批判になっているのが素晴らしい。

講演②　島薗進氏の「南原繁・無教会・国家神道」も鋭く、驚愕の事実を指摘している。敗戦当時の日本の指導層が「教育勅語」の廃止に消極的であり、その影響で「政教分離」を指令し、国家神道の廃絶を命じた「神道指令」からも外されたことは周知のことだが、南原も例外ではなく、教育勅語は天地の公道を示したものとして肯定的にとらえていた。それにとどまらず、彼は神権的国体論と神聖天皇崇敬もほぼ当時の政府見解に即して受容して、さほどの批判もしていなかった。「玉音放送」を聞いた南原は、天皇の心情を思って落涙したとか、「天長節」を祝う演説で一系の皇室を上に抱く日本が遠き昔から聖別して、天皇の「宝寿の無窮」を祝う日と述べるなど、神権的国体論を無批判に受け入れていたのである。

新憲法の改正に対しても、南原は批判的で、それは余りにも西洋的であり、日本の統治権の独自性は、「日本古来から伝わり、今日に至るまで守られてきました、いわゆる神勅にある」（四〇頁）と論じ、「肇国以来」、神勅に由来する天皇の地位を尊ぶ国体が存在し続けたという認識をもっていた。国家が始まって以来、一度も変わっていない国体が日本の民族的共同性の核にあるものだという。従って、憲法改正によって西洋的な民主国家になるのは行き過ぎで、君民同治の日本民族共同体を形成すべきだという論を展開したのである。そこには神聖天皇崇拝や神権的国体論が明治維新以降に造られたものという認識はみられない。西洋思想に依拠し、近代人としての自律・自由を尊ぶ政治理論を構築してきたはずの南原が、ここまで神権的国体論の立場を深く受け入れてきたのかと驚くような論の展開だと、島薗氏は指摘している（四二頁）。

そのほか興味深い諸氏の議論が満載であるが、もう一つだけ加藤節「南原繁と丸山真男」（一七四～一八四頁）を紹介する。丸山真男が南原の弟子筋にあたることは既に記したが、加藤氏によると、丸山の思想と学問は南原の対極、もしくは否定性のうえにあるという、これも刺激的な報告でした。南原が政治は「文化創造の業」の一つであり、教育や芸術と並ぶ一つの固有の領域と捉えるのに対し、丸山は、それは「暴力」や「支配階級の搾取の道具」というネガティブなもので、人間活動の諸領域に亘って働く力と考えていた。ファシズムへの批判では共通していたが、南原は個人を超越すると共に「神の国」に連なり、「世界主義」に結びつく民族共同体の確立に賭けたのに対し、丸山は民族や国家に先立つ主体的な近代的個人の可能性を探究しつづけた。その延長に、自由な個人の人格を重視する視点から天皇制を否定し、天皇の政治的責任を曖昧にすることを拒否した丸山の態度は、天皇制を容認し、その戦争責任を道徳的な問題に限定した南原とは、決定的に離反しているという（一八二頁）。そのほかの面も含め、両者の大きな差異を明確に論じた加藤氏の論もまた、熟読をお薦めする報告である。

ちなみに本書の文脈とは無関係ですが、加藤氏は成蹊大学名誉教授で、安倍晋三・前総理の学生時代の恩師だった方です。勉強をしない落第学生だと厳しく指摘していたことは、よく知られることである（笑）。

さて、そもそも筆者、中野が南原に関心をもったきっかけは、「人間革命」という考え方や発想を戦後最初に表明した人物が南原だったからであり、その点について長年研究している伊藤貴雄・創価大学文学部教授が、本シンポジウムに登壇し、その報告を「民主主義を支えるもの――南原繁と「精神革命」「人間革命」の理念」として寄せている。このテーマについての伊藤氏の早い時期での指摘は、論文「第四回入学式講演『創造的生命の開花を』とその歴史的背景」（『創価教育』第七号、二〇一四年三月、六三～七六頁、特に七三～七四頁参照）である。これらをもとに言えることは、次のような点である。

「人間革命」という用語は、敗戦後の一九四五年一二月に東京帝国大学総長に就任した南原によって頻繁に語られ、当時の流行語になっていた。南原は日本が全体主義国家に成り果て、無謀な戦争に突入して破綻したのは、軍閥や一部官僚・政治家の無知と野心によるとしながらも、それらを許したのは「自律と自由」な精神を失って迎合した知識人や国民の「内的欠陥」にあると捉え、戦後における真の民主主義実現のためには日本国民の精神的変革が不可欠であることを、敗戦直後から主張した。総長就任後の一九四六年一月一日のラジオ放送「学生に輿ふる言葉」では、戦後の改革には「社会的革命と相並んで、或いは寧ろその前提として人間の革命がなければならぬ。人間の革命―わが国民の精神革命―はいかにして可能であるのか」という問題提起のもとで語った。また一九四七年九月三〇日の卒業式演述「人間革命と第二産業革命」では、人間そのものの革命、すなわち「人間革命」なくしては民主的政治革命も社会的経済革命も空虚となり、失敗に終わると警鐘を鳴らしたのである。

それに刺激されてか、一九四六年の夏頃には日本では「人間革命」を当時の知識人やメディアがこぞって主張しはじめた。哲学者・柳田謙十郎や政治学者・中村哲、経済学者・高島義哉のほか、田中美知太郎、清水幾太郎、下村寅太郎、片山正直、恒藤恭、長田新、出口勇蔵、片山敏彦、新明正道、甘粕石介、羽仁五郎などである。しかし、一九五〇年代に入ると論壇ではマルクス主義が優勢となりはじめ、時代状況として朝鮮戦争の勃発と警察予備隊の創設、サンフランシスコ講和条約、レッドパージなどを背景に、「人間革命」論は迂遠な主張として顧みられなくなった。

また南原が説く「精神革命」「人間革命」論には、彼が内村鑑三の無教会派クリスチャンであったからであろうが、人間の内面を自省的に突き止めていくことで、人間を越えた超主観的な絶対精神＝「神の発見」と、それによる自己克服が必要だと説くように、キリスト教における宗教革命がもたらしたプロテスタント的宗教性によって実現すると考えていた。先の島薗講演はこの点を鋭く摘出し、その一方で南原の国体論や天皇観が明治以来の政府による創作であるにもかかわらず、それを戦後も無批判に受容していたことを明らかにした。ここに南原の人間革命論の特徴、または限界があったとも言える。

筆者がさらに興味をもっている事実は、人間革命論を日蓮信仰、日蓮主義と結びつけて社会革命をめざす戦後初の宗教政党「日蓮党」なる結社があったことである。これまで戦後日本における宗教政党の結成は、一九六四年の創価学会による公明党結成が初めてと考えられてきたが、アメリカ国立公文書館（U.S. National Archives and Records Administration）での占領軍文書の調査によって、一九四八年に宗教的理念に基づく二つの政党（政治結社）が結成されていたことを発見した。その一つは五月三日付けで結成宣言をした「日蓮党」であり、他は一一月に設立大会を行った「第三文明党」である。

日蓮党については全く知られていなかったが、二〇一八年八月の調査で図（次頁）のような結党宣言広告文が見つかった。他の史料はなく詳細は不明であるが、この宣言文を記した新妻清一郎は戦前の東京市会議員総選挙に社会民衆党から（一九二九年三月、深川区、落選）、また無産党から

（一九三三年三月、日本橋区、落選）立候補し、戦後も第二三回衆議院議員総選挙に立候補（一九四七年四月、諸派、落選）した政治運動家であると考えられる。

興味深い点は、マッカーサー元帥を「偉大なる吾等の指導者」と呼び、その三大助言である「戦争を二度と起こさない、日本に民主主義を適用する、アジアに新しい民主主義の堅城をつくる」に答えるため日蓮党を結成するとし、また日蓮主義を日本文化の真髄と主張し、それによって「人間革命」、「日本の民主化」、「世界平和」を達成しうる真理の最高峰である等と主張している点である。

この宣言文の「信条」には次のように記されている。

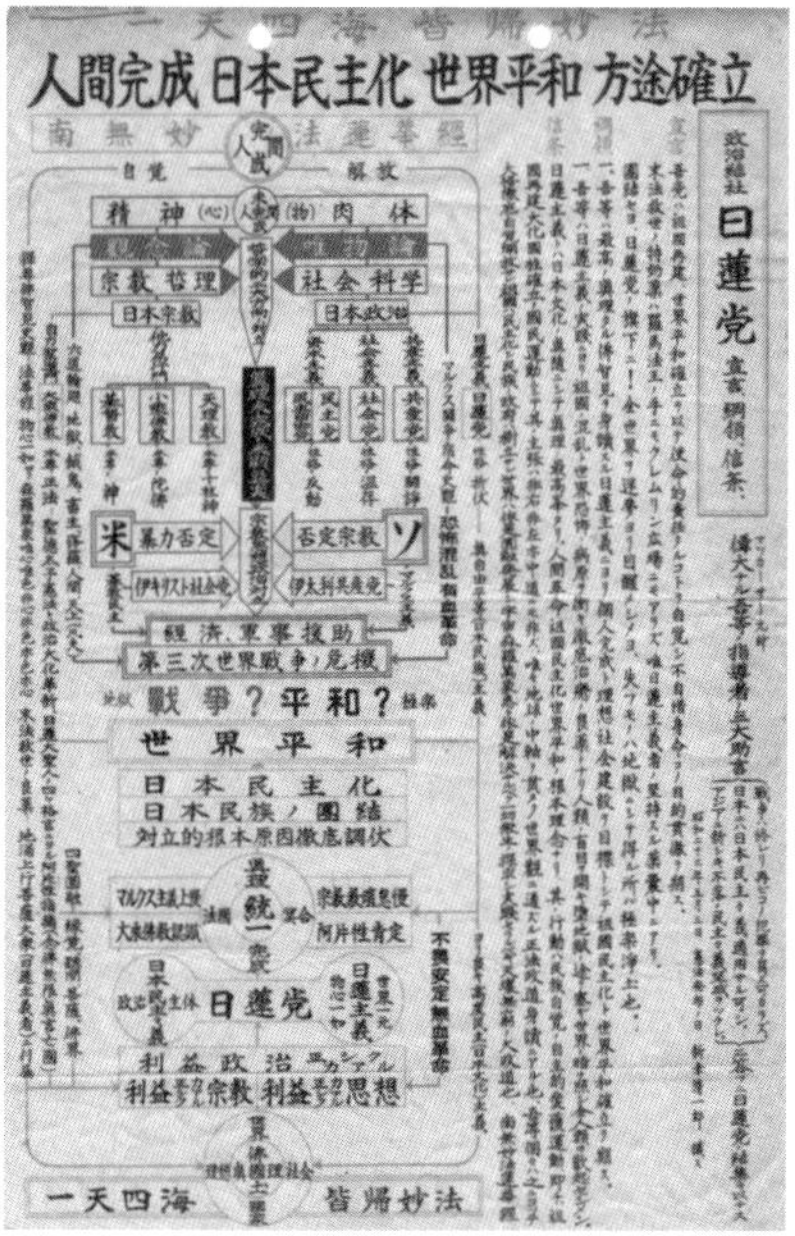

「日蓮主義とは日本文化の真髄にして真理の最高峰たり。人間革命、祖国民主化、世界平和の根本理念なり。其の行動は民族自覚の自主的愛護運動、即ち、祖国再建大化国柱確立の国民運動にして、其の主張は非右非左また中道にも非ず、唯々地球の中軸を貫く世界観に通ずる正法政道身讀にある也、吾等個々は之によって大悟徹底自覚開放され、祖国は民主化し民族の政府は樹立され、世界は是に依って円融発展し、宇

宙森羅万象悉く是に依って解決さるべく、一切衆生の探究し実践せらるべき天壌無窮の大政道なり、南無妙法蓮華経」。

この政党はあっという間に消えてしまったが、日蓮信仰と人間革命論を初めて結び付けた事例である。その後、創価学会第二代会長・戸田城聖は創刊した宗教雑誌『大白蓮華』第二号（一九四九年八月一〇日）の巻頭言において、「かつて、東大の南原総長は、人間革命の必要を説いて、世人の注目をあびたのであったが、われわれも、また、人間革命の必要を痛感する」と語り、自身の同名小説となった。その後、創価学会の中心思想として展開し、今日では海外の創価学会インターナショナルによって世界的に広がったことは、さらに興味深い出来事である。

南原繁研究会編『今、南原繁を読む――国家と宗教とをめぐって』横濱大氣堂、二〇二〇年六月二〇日

村岡到氏の「創共協定」めぐる問題意識に共振

中野　毅

村岡到氏との出会いは、意外なところからやってきました。

昨二〇一九年の春頃、創価学会と共産党との、いわゆる「創共協定」（一九七四年一二月）とは何であったかを再調査したいと思い、関連する研究書などをネット検索したところ、村岡到『「創共協定」とは何だったのか──社会主義と宗教との共振』（社会評論社、二〇一七年）を発見しました。他にも村岡氏が創価学会や公明党について種々出版されていたことを知り、『池田大作の「人間性社会主義」』（ロゴス、二〇一九年）を直接注文したところ、書状もいただき、それがきっかけでメールでのやりとりが始まりました。そして昨年九月にお会いしてお話しする機会をえたのでした。

そこでの会話やその後のやりとり、雑誌『フラタニティ』の購読などを通じて、村岡氏が共産党を含む日本の左翼運動が、その欠点を克服して、自由と民主主義、友愛（フラタニティ）に基づく新しい政権像を構築するために、精力的な対話と言論活動を続けられていることに深い感銘を覚えました。

『フラタニティ』第一九号（二〇二〇年八月）には、やや古いものですが、拙著『戦後日本の宗教と政治』（大明堂、二〇〇三年）の好意的な書評を書いてくださり、感謝申し上げます。またこのたび、第二〇号という記念すべき特集に一文を寄稿させていただくことを、光栄に存じております。

宗教社会学を専攻そのテーマ

私は二〇一八年三月末で、長いこと宗教社会学や比較宗教学、比較文化論などを教えていた創価大学文学部を七〇歳定年で退職し、講義や雑務に追われて未完成に終わっていたいくつかの研究テーマを掘り下げ、体力があるうちに刊行したいと本格的に動き出しました。そのテーマは次のような諸課題です。

一、国家と宗教、政治と宗教についての系譜学的比較研究。いわゆる政教分離制度や反対の国教制度についての総合的比較研究と、国家権力と宗教的権威を「分離すべき」という発想が、どこから生まれ、どのような社会的条件のもとで、どのように展開したか。これは遡れば原始キリスト教と古代ローマ帝国の関係にまで行き着きますが、それは避けて、近代初頭の一六世紀におけるルターやカルヴィンの宗教改革、再洗礼派の誕生から追いかけようというものです。これは時間がかかりそうです。

二、太平洋戦争の敗北と米国を中心とする連合国による日本占領と改革によって、アメリカ型の政教分離制度が日本にも導入されます。この結果、靖国神社や護国神社が民営化され、忠魂碑や地鎮祭などの公費負担が否定された事などを巡って政教分離訴訟が展開します。また沖縄など南西諸島は日本から分離され、そこでは戦前の「宗教団体法」が本土復帰まで存続するなど、大きな変化が起きました。それらは〔「占領と日本宗教」再考〕という共同研究を現役時代から立ち上げ、科研費を使って続けてきましたが、一〇名ほどの共同研究者による出版にむけて、現在、格闘中です。

三、戦後日本社会では政教分離下で大幅に保障された「信教の自由」によって、様々な新宗教が展開します。その中には積極的に政界に進出し、そのため「国家と宗教」の関係だけでなく、「宗教と政治活動のあり方」を巡っても様々な論争が展開することになりました。事例研究の代表として、当然ながら創価学会と公明党を客観的かつ学問的に探究することが目標の一つです。

しかし、時間や様々な制約で納得のいくレベルまで進めることができませんでしたが、まずは筑波大学に提出した博士論文をもとに、二〇〇三年に出版したものが、上記拙著でした。そこでは研究方法の問題、占領による日本国家の変革と宗教の変容を扱い、創価学会・公明党の問題としては、政教分離下における宗教団体が行える政治活動の限度を明らかにしました。そして過度の政治へのコミットは政治的経済的利害が創価学会の宗教理念や世界宗教への理想を変質、浸食する危険性について論じました。

その後、創価学会・公明党研究を少しずつは進め、次のような論考を発表してきました。

• 「民衆宗教としての創価学会――社会層と国家との関係から」(『宗教と社会』第一六号、二〇一〇年六月、一一一～一四二頁）。

・「戦後日本社会と創価学会運動――社会層と政治進出との関連で」（西山茂編『近現代の法華運動と在家教団』（シリーズ日蓮４）春秋社、二〇一四年七月、二九一～三二一頁）。

・「戦後民主主義と創価学会の戒壇建立運動」（『本門戒壇論の展開』本化ネットワーク叢書三、二〇一五年四月、一四七～一七九頁）。

しかし、一次資料の参照などは不十分でしたので、退職後、創価学会の機関紙誌『聖教新聞』『大白蓮華』ほかを第一号から調査収集しはじめ、やっと本格的な研究に進みだしました。そしてまず、次の二本の論文を書きました。

・「戦後政治と宗教」（『近代日本宗教史』第五巻第三章、春秋社、二〇二一年三月）。戦前戦中の僧侶参政権運動、戦後初の宗教政党である日蓮党、各宗派合同の第三文明党、また日本宗教連盟の背景などを紹介。また「人間革命」という用語の初出についても明らかにした。

・「創価学会草創期の政界進出の理念と動機の再検討」（『花野充道博士古希記念論集――日蓮仏教とその展開』花野充道博士古稀記念論文集刊行会、二〇二〇年一〇月）。創価学会の政治参加の動機と変遷について一次資料を使って詳しく追い、今後の課題を提案。

話を戻しますと、この二本は終戦直後から一九八〇年代までを主に追いましたので、創価学会・公明党に関しては、戸田会長時代の政界進出から池田会長時代の公明党を結成しての衆議院進出、そして言論出版妨害事件をへて、「創共協定」締結、池田会長の辞任へと激しく変転する時期を詳細に追ったものでした。この執筆過程で村岡氏の諸著作を発見し、その成果を一部活用させていただいたわけです。

課題は公明党の変化の解明

自分のことばかりで恐縮ですが、六歳のときに両親と共に創価学会に入会した私は、創価学会・公明党が日本の宗教界、政界をより良く変革していくだろうと素朴に信じていました。一九六九年に言論出版事件が起きました。その結果、創価学会と公明党はさらに分離し、公明党は宗教政党から他党と同じく国民一般に開かれた国民政党になりました。創価学会では、会員の政党支持は自由となりました。これが実態は別として、現在まで続いている公式見解です。

この事件を機に政教分離問題、国家や政治と宗教のあり方を巡る批判や論争から、法学、政治学、社会学などを駆使して、その問題が起こった外的要因のみでなく、内的な要因も客観的学問的に研究すべきであり、また日本社会の構造との関連で創価学会・公明党も捉え直し、変えるべき点は変えなくてはならないと考えるようになりました。

そこで私は、七〇年に東京大学文学部西洋史学科に進学し、さらに宗教社会学と比較宗教学を専門的に学ぶ道を歩み始めました。この学問は自己自身の信仰、宗教体系をも厳しく相対化することを要求します。

その痛みを経験しつつ今日まで来ましたが、おかげで独自の視野、信仰観・世界観を築くことができました。それは自分自身にとってだけでなく、創価学会にとってもプラスになったと自負しています。創価学会は日蓮正宗の信徒団体として出発しましたが、一九九一年に相互破門の形で両者は分離しました。宗教社会学から観ると、日蓮正宗は僧侶中心主義の伝統教団であり、創価学会は在家仏教者による運動体です。したがって、最終的な権威の所在を巡っていずれは亀裂が生じると考えていました。この分離に際しての大きな課題は、正宗から付与されていた本尊をどうするか、僧侶のいない葬儀は可能かという問題でした。家族と会員のみで行う「友人葬」を編み出したのは、その応答の一つでした。絶版になりましたが、研究者仲間と出版した共編著『友人葬を考える』（第三文明社、一九九三年）は、少しは役に立ったと思います。

近年痛感することは、自民党との連立以降の公明党が結党時の「民衆のための政治」「政界浄化」などの基本精神を見失い、大企業優先の自由主義経済政策を無批判に受け入れて、支持層である会員が格差増大の犠牲となっていることに気づかないなど、政党として未だに未成熟なことです。その一因は総体的な社会経済政策、どのような日本社会を築くのかという大きな基本政策がいまだに構築されていないことにあると考えています。

そのような問題意識から、結党時に掲げていた「人間性社会主義」「仏法民主主義」「地球民族主義」などの総体的な基本政策がなぜ消え失せていったのか、日本共産党と「連帯と共闘」をうたった「創共協定」が、なにゆえ「共闘なき共存」にすり替わったのかなどの問題を、いままさに再考察しています。それは期せずして、村岡氏の問題意識とまさに共振していると強く感じます。

『フラタニティ』と村岡氏の活動が、賛同する人々の輪をひろげていくことを心から願っています。

今後も、多くのことを学ばせていただきます。

社会変革運動の新たな境地を切り開く提起

松本直次

本書は、村岡到氏が一九六〇年の長岡市で開かれた安保条約改定反対集会に、高校二年生で参加以来、今日まで社会主義を志向する運動に対しての理論探求と実践活動の生涯から辿り着いた、〈心の問題〉に重点をおく宗教者と〈社会のあり方〉に重点を置く社会主義者の根底的な共通性に可能性を見出し、一九世紀の思想家マルクスの「宗教はアヘンだ」という言葉の影響を受けた従来の社会主義論の限界を超える「新しい境地を切り開く問題提起の書」である。

本書の構成は次の通り。

- 現代における宗教の役割と社会主義：北島義信（浄土真宗僧侶）
- 日本仏教が社会変革運動と「共振」しうる主体的条件：亀山純生（親鸞研究者）
- 現代の日本社会とキリスト教：下澤悦夫（キリスト者・元裁判官）
- インタビュー：大本教と世界連邦運動：鹿子木旦夫（大本教幹部）
- 大本教信徒として生きる：鹿子木旦夫

・インタビュー：創価学会の初心に戻れ：二見伸明（元公明党副委員長・元衆議院議員）
・友愛社会主義の根拠と可能性：碓井敏正（哲学者）
・親鸞を通して分かること：村岡到（季刊『フラタニティ』編集長）
・宗教と社会主義との共振（続）：村岡
・書評：中野毅「戦後日本の宗教と政治」村岡

このように、村岡氏の「宗教と社会主義の共振」をめざす運動の構築の呼び掛けに、宗教家、宗教研究者、哲学者が幅広く論及している。

まず、何故、村岡氏がこの提起に辿り着いたのか、氏の生き方、探求姿勢に触れておこう。

村岡氏は今年六月刊行の前著『左翼の反省と展望』（ロゴス）の中で書いている、氏が敬愛する哲学者・梅本克己氏の「否定面の理解をともなわぬ肯定が弱いものであるように、肯定面の理解をともなわぬ否定は弱い」という言葉を常に念頭に置いている。「私は読書に際してほとんどの場合、どういう著者であろうと、あるいは同意できない叙述があったとしても、別の頁に書いてある正しいと考える指摘や認識については共感し学ぶようにしている。読書の前に、自分のこれまでの考え方・理解がひっくり返されることになるのかもという心配を抱く著作もあるが、それでも読み進むと学ぶこともある」と書いている。このような、自分の考えを絶対としない、過去の自説や行動に執着しない新たな探求の姿勢を貫いている。

そして、村岡氏が宗教に関心をもつことになった動機は、ロシア革命でレーニンが「建神主義」

のルナチャルスキーを文部大臣に抜擢したことに着目したからだと説明されている。

次に、本書の内容に進もう。

北島義信氏の「現代における宗教の役割と社会主義」では、一三世紀に生きた親鸞は、当時の宗教勢力と世俗的政治権力との相互補完の「顕密体制」に、根本から批判する仏教者として民衆に根ざした思想の持ち主であると説明し、その思想は、南アフリカの反アパルトヘイト神学者・聖職者の「社会を分離せず、人間の救いを現世に位置づけるという点において、共通性が存在する」ことと、戦後日本においても一九六〇年代後期の「靖国」問題、その反靖国運動が「宗教団体・宗教者が信仰を社会と結合させた運動の展開」となったことをあげ、宗教者の行動が社会主義者のそれと共通すると論じている。

さらに、真宗寺院に生まれた北島氏は、浄土真宗を基軸とする共同体の生活から「自己の絶対化の拒否、価値観の異なる者との共存、非暴力、自己超越による自己を見つめる新たな自己の誕生の喜び，他者優先と他者への奉仕、ものごとの非分離性・相互関係性の重視」の体得から「私にとって生活に根差した浄土真宗と、差別のない平和な世界を目指す社会主義は、自然な形で相互に影響しあう関係にある」と共鳴する。

亀山純生氏の「日本仏教が社会変革運動と『共振』しうる主体的条件」では、村岡氏に「宗教が心（安心）の問題を主題とすることの価値を認めた上で、両方の問題の不可分性、双方の運動・思想の固有の意義と〝共振〟の必要を提起されたことに驚いた」と書き、「資本制社会の悪弊・災悪を根本的に変革・突破する道は〈友愛〉を基礎とするという氏の社会主義論と不可分で、恐らく宗教に〈友愛〉心の社会的定着を期待してのことと推察した」と受け止め、日本仏教の社会参加の課題や構造的問題を指摘し、親鸞浄土教における共振の可能性を考察している。

下澤悦夫氏の「現代の日本社会とキリスト教」では、キリスト教の日本伝来から明治、昭和の戦時下、敗戦、その後の高度成長期における日本でのキリスト教思想と運動の変遷を論評し、「資本主義の誕生期に一つの精神的態度ないし生活を規制する思想として、社会の変革的機能を果たしたプロテスタント・キリスト教と、資本主義の中期以降に資本主義国家に台頭した変革思想であるマルクス主義とは、主体や性格を異にしているが、変革機能としては同じ性格を有している。その異差は歴史的なものであり、重要なのは革命的機能を果たす想像力である」と述べている。

鹿子木旦夫氏の「大本教信徒として生きる」と、同氏のインタビューでは、それぞれの国の多様性を尊重しながら、宗教協力、宗教運動を実践し、世界連邦運動やエスペラント普及運動の大本教思想を知ることができる。

二見伸明氏の「創価学会の初心に戻れ」では、池田大作名誉会長の平和志向や「創共協定」の存在などにも触れて、現政権与党の公明党の政治姿勢の問題点を指摘している。

碓井敏正氏の「友愛社会主義の根拠と可能性」では、「社会主義における友愛の意義を評価するものであり、自由、平等の基礎に友愛を置かなければ、自由は孤独の自由に、また平等は形式的な機会の平等に偏向し、結果的に自己責任論を肯定することになる」と述べ、マルクス主義と友愛原理や個人の自由と友愛社会主義を考察し、「友愛社会主義が、特定のイデオロギーや世界観と結びつくものではないこと、また友愛社会主義の活動の基礎が、政治的世界ではなく、市民社会にあること、すなわち、そこにおける人々の社会的絆を維持することにある」と、友愛社会主義のあり方、宗教との共振の可能性を示している。

村岡到氏の「親鸞を通して分かること」は、氏が親鸞について学ぼうと多くの書籍を読み解いて掴んだ親鸞思想、その過程を丁寧に書き、「宗教と社会主義との共振（続）」では、「〈友愛〉がもっとも大切な信条・心情」とし、「従来の社会主義の限界を超えて新しい境地を切り開く」ための関心と論議の広がりを呼びかけている。

紹介に終始してしまったが、どの論点についてもさらに学んでいきたいと念じている。

新たな社会主義のビジョンを提示

島薗　進

編者の村岡到氏は、季刊『フラタニティ』の編集者でもある。本書は、その『フラタニティ』誌の主に二〇一八年から二〇年に刊行された第一二号から第二〇号に掲載されたものを中心に、一〇篇余りの論考やインタビュー記事が収載されている。現代日本の宗教状況を踏まえつつ、「宗教と社会主義の共振」の可能性を展望する書物となっている。

取り上げられている話題のなかでは、親鸞と浄土真宗の思想・信仰に社会主義と共振する内容がどのように含まれているかを探るものがもっとも分量が多い。浄土真宗高田派正信寺住職でアフリカ文学研究、および宗教社会論の研究者でもある北島義信氏の「現代における宗教の役割と社会主義」、倫理学・環境思想研究者であるとともに歴史的な仏教、とりわけ中世の浄土教の研究者でもある亀山純生氏の「日本仏教が社会変革運動と「共振」しうる主体的条件」、村岡氏自身の「親鸞を通して分かること」がこれに関わるものだ。

親鸞の思想が個人の救いの信仰の次元にとどまらず、社会的政治的関心に関わる次元をもつのかどうかが、かねてより論じられてきた論題であり、村岡氏は服部之総・森龍吉・五木寛之らの論を再評価している。本書の新しさは現代的な問題につなげている点にある。たとえば、北島氏は南アフリカの反アパルトヘイト神学を取り上げ、亀山氏はオウム真理教事件への日本仏教の対応などに言及している。その上で、一般に宗教の平等思想や連帯理念が社会主義と共振する可能性が論じられている。

他の宗教集団で取り上げられているのは、キリスト教、大本、創価学会である。無教会キリスト者である元裁判官の下澤悦夫氏は「現代の日本社会とキリスト教」と題して、無教会キリスト教のマイノリティとしての社会的な姿勢を論じ、無教会キリスト教の立場からマルクス主義との関わりを論じた藤田若雄の論を紹介している。下澤氏は自ら藤田の流れを汲む立場から、「無教会キリスト教の核心を信仰義認論と預言者的精神にありと捉え、これまでの生涯において、預言者的精神をもってマルクス主義者と共振し、信仰義認論をもってマルクス主義者と一線を劃してきたのである」と述べている。

大本からは元大本綾部祭祀センター長、元綾部市議会議長で、今は世界連邦運動に関わっている鹿子木旦夫氏が大本信徒の家に生まれ、新聞配達で学費を稼ぎ、全臨時労働組合の初代委員長ともなった後、大本の教団職員へと転じた経験を語るとともに、現代の大本の社会的政治的関心について語っている。創価学会については、元衆議院議員で元公明党副委員長の二見伸明氏は創共協定について語り、創価学会と公明党が社会主義と共振する可能性について述べている。

また、創価大学で宗教社会学を教えていた中野毅氏の『戦後日本の宗教と政治』（二〇〇三年）に対する村岡氏の書評も収載されており、村岡氏は宗教社会学を学ぶ必要性について述べるとともに、池田大作氏が一九七〇年代前半まで主張していた「人間性社会主義」の概念がどう理解されるべきかを問うている。

以上、親鸞、無教会キリスト教、大本、創価学会を取り上げての論述を見てきたが、それらを通底して、マルクス主義的・唯物論的な社会主義からの脱皮と新たな社会主義のビジョンの提示という問題意識がある。このモチーフを正面から取り上げているのは、京都橘大学名誉教授で哲学者であり、社会主義者であると自認し、「NPO法人おひとりさま」の理事長でもある碓井敏正氏だ。「友愛社会主義の根拠と可能性――宗教の現代的意義にも触れながら」という論考で、碓井氏は自らの思想遍歴をたどり、近年になってマルクス主義には欠けていた人間と人間の関わりについての論点を見直すところから「友愛」の理念の重要性を自覚するようになったという。

人間を協働的・コミュニケーション的存在と捉える視点はマルクスにかけていたものだが、すでにアリストテレスは他者との関係について、相互利用的な愛ではなく相手のために善を願う愛こそ永続的な真の愛であるとし、現代のケアの哲学者、ミルトン・メイヤロフは「真のケアは相手の成長を、それを喜ぶ自分との関係において成り立つ」と捉えている。このように人格的存在として他者を捉える人間関係の理解を踏まえた社会主義が友愛社会主義であるとする。ユルゲン・ハーバーマスは貨幣と権力の支配にさらされた現代人の生活世界を守るために、規範意識に基づく「連帯の力」を必要であるとする。ハーバーマスは公共的なコミュニケーションを通してそのような政治的課題を追求していくラディカル・デモクラシーに期待をかけるが、それは友愛社会主義に通じるものだという。

このような友愛社会主義の政治的ビジョンは、諸宗教の社会理念にとっても共有できる可能性があるのではないか。これが本書全体を通底する問題意識である。マルクス主義の限界を意識している社会主義者、社会的政治的関心に意義があると考える宗教者・宗教集団、その双方にとって示唆的な問いかけの書である。

宗教と社会主義の対話と協力へ貴重な提起

紅林　進

村岡到編『宗教と社会主義との共振』（ロゴス、二〇二〇年）は、誠に興味深い著作である。編者の村岡氏のほか、浄土真宗、キリスト教、創価学会員など五人の宗教者、宗教研究者が執筆し、この問題を掘り下げている。また哲学者の碓井敏正氏は、宗教の現代的意義についても触れながら、村岡氏の掲げる「友愛社会主義」の根拠と可能性について述べている。

宗教者、社会主義者の双方にとって、この著作に多くの関心がもたれ、対話と協力が促進されることを願う。またこの著作を通して親鸞の思想や生き方、浄土真宗の歴史について学べたことも、私にとっては意義があった。

私は唯物論者であり、無神論者であり、宗教を信じていない。しかし宗教が発生するにはそれなりの根拠があるのであり、宗教を信じる人々に唯物論や無神論を押し付けるのは正しくないと思う。「宗教が発生するにはそれなりの根拠がある」と書いたが、死の恐怖や病気や苦痛から逃れたい、幸福を願う気持ちは、人間誰でもあるのであり、科学や医学が発達した今日では病気の発生原因の解明やそれを踏まえた予防や治療法の著しい進歩があるが、それでも新型コロナ感染症の発生や拡大を防げなかった。また「死」は、人間誰でも、いや生物すべてが必ず迎えるものであり、避けることはできない。科学で解決できないこともある。特に精神的側面、心の平安という面では、宗教の果たす役割は大きい。唯物論者である私自身は、「死後の世界」などはなく、無に帰すことはわかっていながら、「死後の世界」や「永遠の生命」ということを信じられたら、どれだけ安心できるであろうかということは想像できる。まして科学の発達していない時代には、現実世界の苦悩から逃れ、精神の平安を求めて、「神」にすがる気持ちは理解できる。

ただし「現実世界の苦悩から逃れる」方法として、「死」などの避けられないものは別として、搾取や貧困、支配、抑圧、差別など、社会構造、階級支配からくるものと、死や心の平安などの純粋に精神的なものがあり、現実には両者は密接に関わり、分けられない面もある。現実の宗教の果たす役割として、前者の社会構造、階級支配（あるいは身分差別や民族差別）からくる問題については、それらの支配や抑圧、差別と闘い、それを変えてゆくことに対して、宗教が積極的な役割を果たす場合と、支配や抑圧、差別、搾取を覆い隠して、「死後の救済」や「輪廻転生」を説いて、現実の抑圧に抵抗したり、それと闘い、変えてゆくことを諦めさせてしまう場合とがある。宗教の役割にはこのように両面がある。

前者は中南米などの「解放の進学」や初期キリスト教自体もその側面を強く持っていた。イスラム教にせよ、仏教にせよ、特に初期においては現状変革や平等を求める側面が強い。後者の抵抗や変革を諦めさせ、現状を肯定する側面は、仏教の「輪廻転生」の思想の下に、現実の不幸は前世の応報だとして、現世で耐え忍ぶことによって来世での救済を願うということが果たした役割や、江戸時代の寺請け制度、明治以降の国家神道、中世ヨーロッパにおける封建領主と結びついたカトリック支配などが挙げられよう。ヒンドゥー教におけるカースト支配、カースト差別などもそうである。

マルクスは宗教の果たす、この否定的な側面を見て「宗教はアヘンである」と書いた。確かに現実の宗教の果たした役割において、その側面があったことは否定できない。ただし歴史を見れば、宗教あるいは宗教結社が民衆を巻き込んで、現実の圧政や権力者に抵抗して、闘い、歴史を変えてきた例も少なくない。日本の一向一揆もそうだし、中国では「紅巾の乱」など宗教結社による農民反乱が王朝を変えてきた例は度々ある。清朝支配を揺るがした「太平天国の乱」などもある。ヨーロッパ近世では、宗教改革と結びついた「ドイツ農民戦争」などが挙げられる。またキリスト教における「千年王国」運動や思想も絶えることなく続いてきた。かつてのブラジルにおける軍部独裁に対する「解放の神学」に基づく民衆的抵抗や、同じく「解放の神学」がニカラグアのサンディニスタ革命に果たした役割も軽視できない。

もちろん宗教にもいろいろあり、オウム真理教のように、人々を殺傷し、社会や人々に害を与える宗教も存在する。それは批判しなければならないし、犯罪行為に対しては、法的措置が取られるべきだが、そのような宗教を禁圧することで解決できることではない。イスラム復興主義に基づくテロは防がねばならないし、それに対する法的措置も必要だが、イスラム復興主義という思想や宗教自体を禁圧することはできないし、すべきでもない。もちろんそれらに対する思想的、宗教的批判は多いにされるべきだが。

さて「宗教と社会主義との共振」という村岡氏が提起している発想だが、私自身も、それは重要だと考える。明治期以降の初期社会主義の多くはキリスト者によって唱えられた。欧米のキリスト教社会においては、キリスト教社会主義という大きな流れが連綿と続いている。そこでは「友愛」と「平等」の精神が重要な役割を果たしてきた。

マルクス主義者の間では、「科学的社会主義」の名の下に、そして「宗教はアヘンである」というマルクスの言葉とともに、宗教を敵視する傾向が強かった。カトリック教会が王党派と結びついたり、かつてのロシア正教会がロシア帝政と一体化するなど、現実の教会などが批判されてしかるべき側面もあったが、それと、宗教一般を批判し禁圧することとは区別すべきであり、むしろ宗教を信じている民衆を理解し、その民衆が受け入れやすい形で、社会主義を広めるべきである。

村岡氏は、一九七四年に創価学会と日本共産党が結んだ「創共協定」について詳しく論じている（翌年に公表とほぼ同時に「破棄」された）。公明党・創価学会の支持層と共産党の支持層は重なる部分が多く、その競合関係ゆえに、激しく対立してきた面は大きいが、日本政治の変革や社会主義へ向けた前進という面では、その対立が果たしてきた否定的な側面は非常に大きかった。村岡氏も述べられているように、もし「創共協定」が死文化されず、その後に両者の協力関係を築くことができたならば、日本政治の変革にとってどれだけ大きな役割を果たしたであろうかと思うとき、誠に残念である。

『宗教と社会主義との共振』に学ぶ

西川伸一

はじめに

若い頃は宗教について真面目に考えることなどなかった。しかし年齢を重ねるにつれて「神はいるのではないか」と思う事態によくぶつかる。単なる偶然なのだろうか。まもなく還暦を迎えるいまでは、心密かに「神」を意識して己を律している。そんな心境に至った私にとって、本書から学ぶことは多かった。なお、本文中の（　）内は引用頁で敬称は省略した。

北島義信「現代における宗教の役割と社会主義」

日本の仏教によれば、いまは「末法時代」のただ中にある。政治・経済いずれにもその傾向は顕著だ。たとえば、二〇二〇年には大企業の内部留保が過去最高となった。これなどは「富と権力を独占する支配勢力の「自己中心主義」の露骨な現れであり、「末法」時代を具体的に示している」（九）。こうした時代状況を打開する道標を、仏教者の北島は一三世紀の「末法時代」を生きた親鸞の仏教思想に見出す。

親鸞は当時の宗教勢力と世俗的政治権力による「相互補完体制」（一〇）を根本的に批判する「鎌倉新仏教」の強力な担い手であった。非人間的世界を真実世界へと変革するために、親鸞は経典にその思想を探し求めた。すなわち「仏の教え」の現代化を試みたのである。具体的には、自己中心主義を超克し他者との連帯を希求する人間像を提起するに至った。そのような人間を「原生正定聚」（一四）と措定した。

話は南アフリカの反アパルトヘイト神学へと時空を超える。そこには宗教家が「人間の救いを現世に位置づけるという点において、共通性が存在する」（一四）。そして当地のキリスト者はアパルトヘイト体制廃絶に大きな役割を果たした。しかも彼らはその体制に加担してきた過去を反省する文書も発出した。

日本の宗教者は戦前に侵略戦争に協力した過去をもつ。戦後に彼らは「反靖国」運動によって宗派を超えた連帯を強めるにつれて、「加害者としての自己責任を深め始めた」（一八）。一九六七年の日本基督教団の自己批判にはじまり、一九九〇年代には真宗大谷派、浄土真宗本願寺派、曹洞宗が相次いで懺悔したのである。

そして「反靖国」運動ばかりか反原発運動も展開し、検察庁法改正案に抗議声明も発した。「これらの宗教者の行動は、社会主義者のそれと共通するものである」（二二）。両者には価値観において重なる部分が多い。「創共協定」もこの文脈から理解されよう。宗教と社会主義は「今日の行き詰った現実を根本から変える視点」（二六）において「共振」可能なのである。

亀山純生「日本仏教が社会変革運動と『共振』しうる主体的条件」

近年〈仏教の社会参加〉（三一）が進められている。被災者救援ボランティア、子ども食堂、坊主バーなどである。これらは従来の日本仏教の枠組みを乗り越えている。というのも、「出家主義（脱世俗主義）と他方での戒律（仏教倫理）の空洞化・否定が、相乗的に倫理や社会変革への無関心と結びつく構造」（三三―三四）を日本仏教は有してきたからである。親鸞浄土教はそれをどう克服したのか。

当時も〈災害社会〉（三七―三八）であった。その時代に親鸞は「仏教史上初めて、出家主義から在家主義へとコペルニクス的転回を果たした」（三八）。在家者の〈自己努力〉（三八）を全面的に肯定したのである。これにより浄土教信仰は来世主義から現世主義へと転換し、念仏は〈災害社会〉を生き抜くための〈自己努力〉の励ましとなった。死後往生よりも現世での大安心の実現にその意義がとらえ直された。「このような親鸞の思想は現代にも重要な意義をもち、「不安社会」化の中で親鸞浄土教が果たすべき固有の「共振」のポイント」（四〇）となる。

さらに議論は〈自己努力〉において遵守すべき倫理へと展開される。「この倫理は弥陀の慈悲が末法の虚仮の人間に示す〈浄土の倫理〉でしかあり得ない」（四二）。これは弥陀の前の万人平等など新しい倫理を創出する。こうした「〈平等の慈悲〉はまさしく「友愛」の仏教的実践と言えよう」

（四四）。また親鸞は〈浄土の倫理〉への〈自己努力〉が自家中毒に陥らないよう自己悲歎への言及も忘れない。これを現代に引きつければ、「社会主義など理想社会や共生社会を目指す運動が理想の名の下に反対物に転化していないかを自他に根源的に問い続けることを意味する」（四六）。

社会主義の歴史を振り返るとき、この指摘はまさに頂門の一針である。

下澤悦夫「現代の日本社会とキリスト教」

キリスト教の日本伝来から説き起こされ、明治時代の天皇制イデオロギーの下でのキリスト者の苦悩へと記述は展開される。十五年戦争の時代には国家主義、軍国主義と闘って殉じたキリスト者はほとんどいなかった。国策により設立された日本基督教団は教団の生活綱領として「皇国ノ道ニ従ヒテ信仰ニ徹シ」（五三）を掲げた。ようやく一九六七年の復活祭に際して、日本基督教団は戦争責任を告白する。その後一九九〇年一一月の日本基督教団総会は、一九六七年の戦責告白は不十分であり「一九四一年の教団の成立そのものが教会の罪責である」（五九）と告白する。

さて、下澤は「近代に現れた二つの典型的な構想力」としてプロテスタンティズムとマルクス主義を挙げる。前者は信仰によって生涯を合理的に生き抜こうとする精神的態度を育んだ。これは資本主義の合理的精神と親和的であった。

その資本主義をマルクス主義は批判する。とはいえ「マルクス主義とキリスト教の発想の形式はきわめて類似している」。人類の前史のあと到来する共産主義社会はキリストの再臨によって実現する神の国にあたる。プロテスタント・キリスト者が生涯を合理的に規制するのに対して、マルクス主義者は革命を目指した「目的合理的な生活規制を行う」（六四）。

日本の総人口に占めるキリスト教徒の割合は一％に満たない。だがキリスト教は日本社会に大きな影響を与えてきた。その構想力のゆえだと蒙を啓かれた。

鹿子木旦夫「大本教と世界連邦運動」「大本教信徒として生きる」

大本教は戦前に二度にわたって大弾圧を受けた。鹿子木は大本の至聖所がある京都・綾部に生まれて「神第一の信仰生活の中で」（六七）育った。朝夕に家族そろって礼拝を行う、肉食を拒否するなどの生活である。学生時代は左翼の活動家になった。次第に、マルクスの思想を大義に異論を否定する左翼の作風に疑問を募らせ、大本の教えに身を委ねた。そこで力を入れたのが世界連邦運動である。綾部市は一九五〇年に全国初の「世界連邦都市宣言」を行っている。全く知らなかった。

大本の聖師・出口王仁三郎は一九二三年にエスペラント語を取り入れている。「一つの言葉」としてエスペラント普及運動があり、「一つの世界」は世界連邦運動である。そして「一つの神」は「宗際化」（宗教の国際的交流）運動（七六）につながる。このスケールの大きさと寛容さに驚くほかない。

二見伸明「創価学会は初心に戻れ」

二見は公明党の副委員長まで務めた人物である。その二見が「新左翼の寅さん」こと村岡到のインタビューに応じている。これだけでも「衝撃」である。

二〇一八年九月の沖縄県知事選挙で、玉城デニーの祝勝会場がテレビ中継された。画面の奥のほうに創価学会の三色旗がみえて、私は目を疑った。「『基地のない沖縄』は創価学会の基本理念なのです」（八一）。公明党本部のそれに反する方針は、一般の学会員には受け入れられなかったのである。

このように自公政権において公明党は苦渋の選択を迫られてきた。今後はどうなるのか。興味深いことに、公明党は一九七〇年代から参院法務委員長ポストを常に占めてきた。当時の公明党指導部の中で二見だけが賛成した「創共協定」をめぐっては、池田大作の意向を参院法務委員長らが握りつぶした。共謀罪の強行採決も参院法務委員長は止められなかった。二見はこの例から、「最近は学会員でも選挙で公明党に投票しないという人が増えています」（八六）と指摘する。

いまでは二見は共産党と関係を深めて、「赤旗」を購読し、「赤旗」に登場することもある。

碓井敏正「友愛社会主義の根拠と可能性」

哲学者で社会主義者の碓井は友愛に関連づけて社会主義を論じてこなかった。若き日の碓井は「現実経験に乏しく、合理主義と理想主義に捕らわれていた」（九二）。言い換えれば、人間と人間の関係で「心が揺さぶられない限り人は動かない」（九一）ことに関心が及ばなかった。しかし友愛社会主義へと傾斜していく。

近代的個人主義によれば、個人は排他的に自己利益の極大化を図る功利主義的存在である。これを碓井は「人間の真の姿とは言えない」（九六）と否定する。人間本来の姿は「協働的・コミュニケーション的存在」（九六）ととらえられるべきなのだ。これこそ友愛社会主義の前提となる人間観である。

こうした考え方を、社会的分断をあおるポピュリズムはびこる現代にあてはめてみよう。それに対置されるべきは「社会的弱者への配慮と連帯に基づく諸活動を強化」することであり、そこに「友愛社会主義の原点」（九八-九九）がある。碓井はドイツの思想家ハーバーマスの議論を紹介して、それを「社会主義の可能性を連帯に見出す、友愛社会主義の提唱」（一〇一）と解釈する。それはマルクス理論に依拠する社会主義とは異質である。一方この友愛は「隣人愛」を説く宗教と近しい。いかなる宗教であれ「他者と自己を平等な存在と見なし、他者を気遣う」（一〇五）。しかも宗教は超国家的性格をもつ。一方、社会主義は「国民的社会主義」（一〇八）にとどまりかねない。宗教にならい、友愛の対象を人類全体とする課題を友愛社会主義は背負っている。

深い学識と緻密な論理展開に「プロの仕事」を見せつけられた。

村岡到「親鸞を通して分かること」

宗教の重要性に気づいた社会主義者の村岡が親鸞に挑んでいく。親鸞の主著とされる『歎異抄』はいまも人気がある。「何か深い〈真理〉が宿って」（一一二）いるからだろう。親鸞は「非僧非俗」を唱え、著名な僧侶のなかで初めて妻帯した。「悪人正機」説という逆説を主張した。当時の仏教界では異端であり、革命的であった。その教えの中でも村岡は〈平等〉に着目する。〈平等〉は「人類普遍のロゴス」（一一六）である。親鸞はこれを言い当てていたのだ。

また、親鸞は異論に寛容であった。「各自が信じる道を歩め」（一一八）と。「親鸞の態度を幾分なりとも理解していれば、悲惨な内ゲバにブレーキをかけることができたであろう」（一一八－一一九）。中核派の活動家だった当事者が言うだけに説得力がある。

ところで親鸞は存命中ほとんど知られていなかった。それゆえ教えが歪曲されて後世に伝えられることもあった。その顕著な例が「真俗二諦」論である。これを論拠に浄土真宗教団は「日本帝国主義の戦争に全面的に協力すること〔に〕なった」（一二五）。村岡は「真俗二諦」論について「親鸞の教えに背馳する重大な誤り」（一二九）と指摘する。なお、浄土真宗本願寺派は一九九一年二月の宗会決議で「真俗二諦」論に依拠した戦争加担を懺悔した。

さて、村岡は親鸞から次の点を学ぶべきだという。「人間は誰もが罪を背負って生きているという人生観である。（略）そういう定めを背負って生きているということは、人間はみな平等であるべきだ（略）人間は手をつないで協力して生きていくほかに道はない」（一三四）。すなわち友愛社会主義への大きな示唆である。

本書の編者である村岡の旺盛な知的好奇心と圧倒的な読書量、そしてそこから独創的な社会主義像を提起する構想力には脱帽する。

宗教と社会主義との共振（再論）

村岡　到

はじめに

私は、昨年一二月に『宗教と社会主義との共振』（ロゴス）を編集・刊行した。その執筆者は、北島義信（浄土真宗僧侶）、亀山純生（親鸞研究者）、下澤悦夫（キリスト者・元裁判官）、鹿子木旦夫（大本教幹部）、二見伸明（創価学会員・元衆議院議員）、碓井敏正（哲学者）の諸氏である（掲載順）。そしてこれまでにない良好な反応を得ることができた。宗教世界の専門誌『宗教問題』第三三号に私のインタビューを掲載していただいたり、今まで接点がまったくなかった研究者（後記＊）に書評を書いていただいたり（島薗進：「図書新聞」三月一三日）、関説する論評を寄せていただいた（季刊『フラタニティ』第二二号掲載）。

まずそれらを発表された順に並べよう。

- 松本直次　社会変革運動の新たな境地を切り開く提起

＊島薗　進　新たな社会主義のビジョンを提示
•島崎　隆　社会主義と宗教の対抗から協力関係へ
＊山本広太郎　親鸞を社会主義論に活かす――村岡到編『宗教と社会主義との共振』を読んで
＊菅原伸郎　七地沈空も悪くない――村岡到編『宗教と社会主義との共振』に触発されて
•紅林　進　宗教と社会主義の対話と協力へ貴重な提起
•西川伸一　『宗教と社会主義との共振』に学ぶ

私は、帯に当たる部分に「『宗教はアヘンだ』（マルクス）のドグマを超える」と記した。本書の核心の一つだからである。このマルクスの一句については共産党の幹部・藏原惟人がマルクスが二五歳の時に一度だけ書いたにすぎないと注意していたが、(1)日本左翼の常識になっている（ヨーロッパなど他の国ではどのように受容されているのか、専門家に教えてほしい）。私にインタビューした『宗教問題』編集部は「一般に、宗教と社会主義は相容れない、対立するものと世間では考えられていますと」としたうえで、この一句を引用している。(2)『宗教問題』の編集部が付けたタイトルは「〝宗教はアヘン〟なのか」とされていて、私の主張が反語で明示されている。最近大きな話題となっている、斉藤幸平の『人新世の「資本論」』の「はじめに」では「マルクスは……『宗教』を『大衆のアヘン』だと批判した」(3)と書かれている。自著の評価を高めると思っているのであろう。私は、このドグマを超えることを強く意識し、主張してきた。

この一句についてまず取り上げよう。マルクスは、「ヘーゲル法哲学批判・序説」の初めで「宗教は、抑圧された生きものの嘆息であり……それは民衆の阿片である」と書いた[4]。島崎は「あまりにも粗雑に解釈されてきて、かつ誤解されてき」（本書、四四頁。以下、本書からの引用は頁だけ記す）たと説明し、紅林は宗教の「否定的な側面」（八七頁）について書いたものだと解釈している。それならば、「宗教の否定的側面は、民衆のアヘンとなるところにある」とでも書けばよい。そうすれば、マルクスが合わせて肯定的側面に触れることがなかったとしても、読者は肯定的側面の有無やその内実は何だろうかと思索を深めることが出来る。少なくとも「宗教はアヘンだ」という短絡した標語・ドグマが流布されることはなかったであろう。マルクスの書き方は「誤解」を招く不適切なものだったのである。

前記の各論者の要点を摘出しておこう。

松本は「社会変革運動の新たな境地を切り開く提起」として、また島薗は「友愛社会主義の政治的ビジョン」を好意的に評価した。島崎は私の提起を評価して「社会主義と宗教」との「協力関係」を探っている。山本は「このテーマでタイトルに相応しい多彩な執筆者を集められたのは、ひとえに編者・村岡が編集長を務める雑誌『フラタニティ』の活動成果である」と評した[5]。菅原は「七地沈空」を重視して社会主義を忌避しているようであるが、在家仏教協会理事長に論及していただいたのはプラスである。紅林は宗教は「積極的な役割」と「否定的な面」とを合わせて持つとした上で、「宗教と社会主義との共振」を「重要だと考える」と評している（八八頁）。西川は「はじめに」で「年齢を重ねるにつれて『神はいるのではないか』と思う事態によくぶつかる」と書いている（八九頁）。

私はこれらの反応に大きな可能性が開かれていると強く実感している。私は、一九七八年に新左翼の第四インターの機関紙「世界革命」編集部に配属されていらい、社会主義に関する論文を執筆するようになったが、今度のような反応は初めてである。

なお、本書巻頭に収録した北島義信の論文は、前記編著を対象としたものではないが、「西洋近代文明」の「自己中心主義」の弱点を鋭く切開して「仏教における『尊厳』」（一一頁）の意味を深く明らかにしている。「西洋近代文明」の特質、その限界を明らかにすることは、マルクス主義やロシア革命の再検討にとっても欠かせないと直感させられたが、不勉強なので今後の課題である。

こうして、唯我独尊のセクト主義が強い左翼世界よりは、宗教者や宗教研究者のほうが度量が広いことを示している。〈宗教と社会主義との共振〉について新しく考えたことも加えて再論したい。

1　重要な反省

ここで、本稿のテーマとは直接には関係はないが、少し前に私自身について重要な反省の必要性を感じたので一筆させていただきたい。

私は一九六〇年、高校二年生の時に安保闘争のデモに参加していらい社会主義をめざす左翼の活動家として生きている。その拙い歩みを、八年前に「回想——社会主義五〇年の古稀」を書き（『友愛社会をめざす』ロゴス、に収録）、昨年夏に「私の歩み」を書いた（『左翼の反省と展望』同、に収録）。

近年、特に日本共産党は一九二二年に創設していらい一〇〇年近くも活動し続けているのに、なぜこれほどまでに支持を広げることができずに成長できないのかという思いを強めてきた。そこには、マルクス主義の限界など深く切開しなくてはならない大きな問題があるに違いない。だが、真剣に反省しなくてはならない問題がもう一つ存在することに気づいた。それはすでに六〇年以上も活動してきた私自身の問題である。何かを執筆し論じるようになったのは、前記したように第四インターに在籍していた一九七八年からであるが、それでも四〇年以上である。一九八〇年に「政治グループ稲妻」を創っていらい（九六年に解散）、いくつかの小さな雑誌を編集・刊行するようになり、今は季刊『フラタニティ』を出している。一貫して〈社会主義〉を真正面から主張してきた。だが、その発行部数はわずか×××部に過ぎない。成長していないのは、共産党や新左翼党派だけではなく、自分自身なのではないか。二〇歳代の青年ならば、まだ始めたばかりという言い訳を口にしても良いだろうが、私はすでに喜寿を越えている。[6]

私は、この四〇年余に勉強し主張してきた、社会主義を志向する論述について、拙いものとはいえ、日本における社会主義の実現にとって一考に値すると確信している。人は与えられた環境と条件の下で生きるほかなく、私は自分の生き方をそれなりに肯定している。

だが、コロナ禍に直面し、私の生活の行方と極小出版社ロゴスの現実を直視して、反省を迫られた。生活費をいかにして確保するのかが差し迫っての難題であるが、ここでは理論上の弱点についてだけ取りあげる。私の論述の姿勢には根本的な歪みがあったのではないかと気づき、反省を迫られた。

社会主義を志向し主張することは誤りではない、と今も確信している。では何が問題だったのか？取りあげる問題領域が狭すぎたのか。それも弱点である、と強く自覚している。だが、もっと根本に問題がある。社会主義を主張する姿勢にこそ弱点＝誤りがあったのではないか。私は、このことに気づいた。

私は社会主義論についていくらかのことを論じてきた（第3節で詳述）。ここでは、グスタフ・ラートブルフの核心的主張についてだけ触れる。ロシア革命の一年三カ月後、一九一九年二月にドイツでワイマール共和国が誕生した。その司法大臣になったのが、オーストリアの法学者ラートブルフである。彼は、『社会主義の文化理論』の「あとがき」（四九年版）で「社会主義はある特定の世界観に結びつくものではない」(7)と明らかにした。二〇〇〇年三月に法学者の尾高朝雄に導かれて同書を読み、いらい私は、社会主義を「ある特定の世界観」＝党派的立場から論じることを避けてきた。この著作については、二〇〇一年に「ソ連邦崩壊後の5冊」で取り上げた(8)。翌年に発表した「則法革命こそ活路」で、ラートブルフの言葉を引用したうえで「政治の領域では、原理の上で根本的に変革しなければならない内実はなかった」(9)と明らかにした。

私は、このようにいわば開かれた姿勢で勉強し探究してきたつもりである。その姿勢は堅持したいと考えている。問題は、そこで得た内容をいかなる姿勢で論述してきたのかにある。

その弱点は、冒頭に触れた八年前の『友愛社会をめざす』の「あとがき」に記した一文に示されていた。私は次のように書いた。

「『ヨーロッパでは言葉の明瞭であることを求め、曖昧な言葉を避ける。日本では曖昧な言葉が一番優れた言葉である』。これは、一六世紀に宣教師として渡来したオランダ人のルイス・フロイスによる日本人評である（『ヨーロッパ文化と日本文化』岩波文庫、一九九一年、一八八頁）。私は明瞭な言葉を好むから、どうやらこの思想風土と合わないのかもしれない。それでもなお真剣な理論的探究が求められているはずだと、信じたい」[10]。

八年前には、偶然に読んだ『ヨーロッパ文化と日本文化』のなかの日本人評に「得たりや応」と感銘したので引用した。「曖昧な言葉」が好まれるという日本人の傾向（本稿の領域で言えば、明治維新前まで一〇〇〇年も続いた「神仏習合」を想起できる）については留意したほうが良いが、それを自分の主張が広がらない理由として特筆するのは浅知恵というほかない。しかも七年後にも前記の「私の歩み」の最後にこの部分を再度引用していた[11]。ただ軽卒と恥じるほかない。

ではどのような姿勢に立脚して論述すべきなのか。

自らが信じる内容を、「これこそ正しい社会主義理論だ」として提示するのではなく、自らの主張が社会では極小派であることをしっかりと意識して、〈一つの選択肢〉としてその適否を虚心に問うことこそが必要だった。日本共産党が一九八〇年代までは強調していた「唯一前衛党」論に典型的に表現されていた唯我独尊の作風は、新左翼の場合にも例外ではなく、さらに言えば、〈複数前衛党〉論を提起していた[12]私自身についてもこの作風が染み付いていたと反省する。

これから執筆する論文は、この反省に立って書かなくてはいけない、と自戒している。

2　宗教の深さと大きさ

本題に進もう。

第一に、改めて教えられたのは、宗教の深さと大きさである。私の宗教理解については、『宗教と社会主義との共振』に収録した同名のタイトルの小論で次のように説明した。(13)

私は、二〇〇四年末に「愛と社会主義――マルクスとフロムを超えて」を発表し、「愛と社会主義との〈調和〉」が必要で大切だと提起した。この提起については、映画監督の山田太一から「読後、一個の人格に接したような感銘がありました。／『愛』とか『宗教』とか、科学的記述を損なう輪郭も実体も判然としない世界を、なんとか網の中に捉えようとなさっていること、その努力に胸を打たれるし、その必要もとても感じました」と望外のお返事をいただいた（本書に収録）。

続いて、翌年に「宗教と社会主義――ロシア革命での経験」を発表した。「建神主義」を唱えていたルナチャルスキーが、一九一七年のロシア革命直後にレーニンによって教育人民委員（文部大臣）に抜擢されていたことを知り、社会主義と宗教との関係について深く考えなくてはいけないと気づいた。さらに、同年に著した『社会主義はなぜ大切か』で「〈宗教とは、人間の内面的世界の安心を求めて、何らかの超越的なものを信仰する行為で、絶対的な性格をもつ教義と教祖を不可欠とする〉、と規定できる」と書いた。(14)「人間の内面的世界の安心」とは別言すれば〈心の問題〉である（その七年後の「社会主義像の刷新」では、前記の「不可欠とする」を「を求める傾向がある」と書き換えた）。宗教についてのこの定義については、亀山純生が「宗教が心（安心）の問題を主題とすることの価値を認めた」[15]ものと同意を示した。その部分を松本が引用している（七八頁）。島崎も私の定義を引用したうえで肯定的理解を示した（四五頁）。

言うまでもなくさまざまな宗教のなかにはオウム真理教のようなものも存在する。人間の死、病気、困窮などを金銭などの私的利益のために利用することや暴力を容認・推奨することは、宗教外の行為として厳しく批判されなくてはならない。

論文「宗教と社会主義との共振」では論及できなかったが、宗教は世界の各地・各国でそれぞれ異なったあり方を持続している。トータルにその全容を認識し伝えることはとてもできないが、先日、偶然にも読書した、長部日出雄『二十世紀を見抜いた男：マックス・ウェーバー物語』（新潮社、二〇〇〇年）では、ドイツ近代史において資本主義が形成される過程で宗教がいかに大きな役割を果たしたのかについて教えられた。ウェーバーの宗教論はその土壌でこそ形成されたと知った。宗教について深く理解することなく、社会や歴史を包括的に把握することはできない。一例をあげれば、徳川幕府はキリスト教を弾圧しただけではなく、日蓮宗の不受不施派に対しても厳しい弾圧を加えた。前者は「キリシタン禁制」としてよく知られているが、後者は周知とは言えない。だが、国家権力と厳しく対決する仏教徒も存在していたのであり、忘れてはいけない。時代は大きくズレるが、このような殉教者に心酔する、後代の宗教者と心を通わすことが出来なければ、社会主義思想は広がらない。

各地・各国での多様性ゆえに、日本での宗教が社会や歴史においてどのような位置を占め役割を果たしているのかについては、専門的研究に学ばなくてはならない。この小論では、そこに大きな課題があることだけを確認するに止める。

第二に、前著では「宗教と社会主義との共振」が大切で必要であると提起したが、そのレベルをさらに高めなくてはならない。「宗教と社会主義との共振」と書いたが、さらに補語すれば「村岡が理解している、今ある宗教と今ある社会主義勢力との共振」を問題にしていたに過ぎないと反省させられた。もっと分かりやすく言えば、宗教や社会主義の今あるあり方をそれぞれが超えてさらなる広がりを実現しなくてはならない。宗教への関心や期待は、嫌われることなく逆に好ましいものとして広がり深まることが望ましいのである。それらの動向は、社会主義を忌避するものではなく、逆に豊かにする契機・内実となりうるのである。北島義信が「仏教における『尊厳』概念」で「私は、「尊厳」概念をめぐる宗教と社会主義の対話を通じて、社会主義の内実も宗教の内実も一層ゆたかになると考える」（二二頁）と明確にしている通りである。

島崎が親鸞をめぐって、「村岡は……とくに親鸞の平等主義に注目して、その思想が社会主義の核心でもあると考える。これには賛同したい」（四〇頁）と書いているので、ここで触れておきたいことがある。

私は、一九六〇年代から哲学者の梅本克己を敬愛している。梅本は敗戦後に「戦後主体性論争」

の一方の極として「人間の主体性」について鋭く提起した。その梅本が一九二六年に東京大学の卒業論文として書いたのが「親鸞における自然法爾《じねんほうに》の論理」であった。梅本没後に著作集を刊行することになり、その手伝いをしたので、この論文が第九巻『宗教・文学・人間』に収録されたことは憶えていた。第九巻の「解説」で作家の野間宏は梅本の論文「唯物論と人間」などに「親鸞論が深く反映している(16)」と評した。私は、二〇一二年に「親鸞を通して分かること」を書くまでは、親鸞について考えたことはないが、「戦後主体性論争」に強く惹かれていた。梅本主体性論に親鸞が通底していたことには深い意味があったのだと、改めて痛感する。なお、この同じ時期に、南原繁の「人間革命」が論壇の大きな話題になっていたと、中野毅が「南原繁の『人間革命』」で明らかにしている（六四頁）。なぜ、この二つが交叉しなかったのであろうか。

第三に、日本共産党について、蔵原惟人や日隅威徳の優れた宗教理解に論及したが、文学についても理解の幅を広げることが必要だった。文学は文字によって想像も含めて生活や心理の細部を注視して創造する芸術であり、宗教と同じものではないが、人びとの幸せや心の安らぎを希求するなど重なる部分も存在する。私は、蔵原が文学についても造詣が深かったことは知っていたが、私自身が文学については五木寛之や李恢成の小説を読んだことがあるくらいでまったく素養がなかったので文学については論及できなかった。しかし、共産党は文学の領域で一定の広がりと深さをもって党員を獲得して活動してきたのである。

長くトップの座にあって敗戦後の共産党を領導した宮本顕治は東京大学在学中の一九二九年に、

芥川龍之介を論じた「『敗北』の文学」で雑誌『改造』の懸賞論文に当選し、文壇にデビューした。党員作家の宮本百合子（顕治の妻）と小林多喜二は有名であり、共産党は六九年に「百合子多喜二賞」を創設していた（二〇〇五年に廃止された）。六五年に日本民主主義文学同盟が結成され（二〇〇三年に日本民主主義文学会と改名）、八三年に日本民主主義文学同盟の分裂もあったが、今でも日本民主主義文学会の『民主文学』が刊行されている。このことは、共産党が政治活動だけではなく、生活の細部についての関心を強く保持していることを現している。共産党は、文学が育み伸ばそうとした人間の精神的豊かさを、自らの内部に取り入れていた。菅原伸郎はウィリアム・モリスの『ユートピアだより』（岩波文庫）を参照して、「社会主義」の難点を指摘しているが、そこに欠如しているという「内面への関心」（五四頁）を共産党は保持している。

むしろ、その取り入れ方に問題があった。八三年に起きた日本民主主義文学同盟の分裂が明らかにしたように、文学に過度な党派性を求める傾向に陥っていた。菅原は「七地沈空」を重視するあまり、「社会主義」との接点・重なりを忌避しているようであるが、共産党の場合は逆だったと言える。ただし、その態度は、前節で触れたラートブルフの「社会主義はある特定の世界観に結びつくものではない」という認識の真逆であった。

私は、共産党と菅原のような両極を避けながら、文学を社会主義、あるいは政党・党派に従属させるのではなく、これまた〈共振〉する質を保持して伸ばしていかなくてはならないと考える。文学と音楽とは異なるが、音楽も人生を豊かにする芸術である。私は、音楽鑑賞の趣味はないが、ソプラノ歌手森麻季さんに触れて「文化」の重要性を一筆したこともある。[17]最近では季刊『フラタニティ』第二一号の「編集後記」で触れた。この「編集後記」の一筆に、農学者の徳永光俊（大阪経済大学元学長）から便りをいただき、投書（「森麻季さんを聴いています」）とさせていただいた。[18]

第四に、私は一九七四年末に結ばれて翌年に反古にされた「創共協定」と池田大作が提唱していた「人間性社会主義」について、その意味と意義に注目するべきだと提起した（『「創共協定」とは何だったのか』など）のであるが、この問題への理解もいくらかは広がったようである。編著への論評では島崎隆も「創共協定」を評価し、「この問題に是非触れておきたい」としている。松本直次、島園進、紅林進も言及した。今度の論集の前には、中野毅が「村岡到氏の『創共協定』めぐる問題意識に共振」（本書に収録）を発表していた。私としては、さらに取りあげられることを期待したい。私のインタビューで触れたように、「戦後政治史の中でも特筆すべき出来事のひとつ[19]」だったからである。

自公連立政権が長期化し（一九九九年一〇月～二〇〇九年九月までの小渕恵三政権、麻生太郎政権、二〇一二年末～安倍晋三政権、現在の菅義偉政権。中間は民主党政権）、菅政権の支持率が低落するなかで、公明党が今後いかなる政治路線を取るのかも問題として浮上している。そのなかで、高齢の池田（九三歳）の去就と合わせて、創価学会の教義も問われることになる。

第五に、先に触れた中野の論文によって次のことを教えられた。「人間革命」の四文字は、創価学会の池田の全一二巻の『人間革命』（聖教新聞社）と全三〇巻にも及ぶ『新・人間革命』（同）という長編小説のタイトルとして広く知られているが、これは敗戦直後に、東京帝国大学総長を務めた無教会派クリスチャンの南原繁が強調していた言葉だと知った。当時は文壇で流行言葉になっていたという。敗戦後の混迷期に日本の将来をめぐる模索のなかで、「人間革命」は一つの指針として論議されていた。それを創価学会第二代会長・戸田城聖が受け継ぎ、自身の小説のタイトルにした。第三代会長の池田はそれを継承したのである。「人間性社会主義」はその延長上に発案されたのであろう。クリスチャンと創価学会と「社会主義」が一本の糸で繋がっていたともいえる。また、敗戦直後、憲法施行に合わせて一九四七年五月三日に日蓮党という政党が結成されていた。すぐに消えてしまったが、党の名称に明示されているように、明確に宗教政党である。日蓮党は「人間完成　日本民主化　政界平和　方途確立」と宣伝していた。「政教分離」が常識とされているが、日蓮の教えを受け継ぎ政治の場で活かそうとした人物・新妻清一郎が敗戦直後に存在していたのである。

なお、私は「政教分離」ではなく、〈宗国分離〉として理解・表記すべきだと、二〇一二年に「戦前における宗教者の闘い」(20)で提起していらい、宮本顕治や公明党の言説も引きながら何回も主張してきたが、このことに誰も触れていない。常識の壁がいかに分厚いかを示す例である。

第1節の初めに、「共産党は一〇〇年近くも活動し続けているのに、なぜこれほどまでに成長できないのかという思い」と書いたが、その理由・根拠の一つは、宗教や「非暴力」(後述)を忌避する姿勢にある。共産党は梅本などの「主体性論」にも反発した。親鸞(に限らず優れた宗教者)の教えやガンジーの「非暴力」に共感する人たちを「敵」であるかに想定したり、一歩遅れた人として蔑み排除する姿勢に陥っていたのでは、社会主義を広く浸透させることは出来ない。キリスト者の中には次のような人物も存在する。裁判官でもあった下澤悦夫は、「預言者的精神をもってマルクス主義者と共闘し、信仰義認論をもってマルクス主義者と一線を劃してきた[21]」と論文を結んでいる。このように真摯に生きるキリスト者と対話したほうが良いに決まっている。仏教徒は各宗派ごとに数百万を数え、少ないキリスト者でも四四万人である。〈宗教と社会主義との共振〉がどれほど求められているか、繰り返し確認しておきたい。

3　社会主義論の要点

近年、「資本主義の限界」に言及する著作や言説が増えている。経済成長が望めなくなり、貧富の格差が拡大し顕在化しているからである。斉藤幸平の前記の著作は二〇万部も売れたという。コロナ禍がいっそう追い風となっている。「赤旗」では、「資本主義〝限界〟広がる声」と見出しを立ててフランシスコ・ローマ教皇の発言やアメリカのＣＮＮテレビの報道を紹介している[22]。多くの人が、「資本主義の限界」に気づくことは大きな前進である。だが、それらの論著では「ポスト資本主義」とは書くが、「社会主義」は忌避されている。一九九一年末のソ連邦の崩壊の後、「歴史の終焉」とか「社会主義の敗北」が流行言葉になったが、その影響であろう。だが、共産党のように、ソ連邦は「社会主義とは無縁」などと切り捨てるのではなく、歴史の経験から教訓を引き出すことこそが必要なのであり、〈社会主義像〉を豊かにすることこそが求められている、と私は考える。私はこの立場から、一九九二年に「レーニンの『社会主義』の限界」を発表し(『経済評論』一一月:『協議型社会主義の模索』社会評論社、一九九九年)、以後、このテーマで『ソ連邦の崩壊と社会主義——ロシア革命100年を前に』(ロゴス、二〇一六年)など数冊の著作を執筆・編集してきた。

本節では、社会主義論の要点を簡略に明らかにする。

A 経済システムの変革

第一に、これまで一貫して強調してきたように、社会主義社会の核心は経済システムの変革にある。社会は、経済、政治、文化の三つの領域によって構成されている。この三つがどのように関連しているのかについては、マルクスが提唱した唯物史観では経済が土台でその上に上部構造として政治が存在すると考えられ、「歴史の必然性」や「生産力の拡大・発展」が強調されてきた。いわば経済決定論となるほかない唯物史観について、私は、二〇〇〇年末に「『唯物史観』の根本的検討」[23]を発表し、二〇〇九年にそれを越える〈複合史観〉を「唯物史観から複合史観へ」[24]で提起した。千石好郎は、「マルクス革命論の空想性」を批判したうえで、欧米でも私の提起とほぼ同様の理論を「ポスト・マルクス主義の先駆者」ダニエル・ベルが提起していたと明らかにした[25]。

では経済システムは何から何へと変革されるのか。一八世紀半ばのイギリスにおける産業革命を経て形成され、やがて全世界に広がった資本制経済は、賃労働と資本との関係を基軸として成立し、利潤追求を生産の動機・目的としている。「労働力の商品化」がその最奥の根拠となっていて、資本家が労働者を搾取し、価値法則が貫かれている。このことを『資本論』で明らかにしたことがマルクスの不滅の業績である（このことをはっきりさせたうえで、マルクスの限界についても明確にしなくてはならない）。この基軸的関係を変革することが社会主義革命の目標である。

問題は、賃労働と資本との関係を廃絶してどのような経済システムを実現するのか、である。ロシア革命後のソ連邦は「計画経済」と称されてきた。実はマルクスもレーニンも「計画経済」とは一度も書いたことはなかった。私は、一九九七年に「『計画経済』の設定は誤り」[26]でこのことを明らかにした。私が二〇〇五年に「ソ連邦崩壊から何を学ぶべきか」でスターリンやH・ツァゴロフの言説を引いて明らかにしたように「『計画経済』は当初から〈指令経済〉と命名するにふさわしいものだった」[27]。

私は、九八年に、「〈協議経済〉の構想」[28]で目指すべきは〈協議経済〉であると提起した。ヒントは、マルクスが『資本論』フランス語版で一筆した「協議した計画」にある。〈協議経済〉の核心は、生産手段の社会化を土台にして「協議した計画」によって生産を調整・実現して、貨幣に代わる〈生活カード〉によって生産物の引換えを行う点にある（「〈生存権〉と〈生活カード制〉の構想」[29]参照）。そして労働の動機は、誇りをめぐる競争＝〈誇競〉となる。〈誇競〉については「創語録」で説明したが、幸徳秋水が一九〇三年に『社会主義神髄』で「知徳の競争」と書いていた[30]。

〈協議経済〉については、この論文を参照してほしいが、革命後の経済がどのようなものになるのかについては、マルクスは大きな欠陥を残していた。マルクスやエンゲルスは、「各人の労働は……直接に社会的労働になる[31]」とか、「個人的な労働は……直接に、総労働の諸構成部分[32]」になると書いたが、この予測・想定が誤っていた。そのことについては、藤田整がソ連邦の研究者から引いて「理論的にドグマ[33]」であると明らかにしていた。労働や生産物が「直接に社会的な」ものになることはけっしてない。

ロシア革命の後に「社会主義経済計算論争」が国際的に論議となったが、ソ連邦の経済学者が「机上の空論」と反発することしか出来なかったのは、マルクスがこの問題については何もはっきりしたことを書いてなかったからである。私は「『価値・価格論争』は何を意味していたのか[34]」や村岡到編『原典　社会主義経済計算論争』の「解説[35]」でこのことを明らかにした。一点だけ、確認しておきたいが、この論争のなかでクルト・ロートシルトは「成長それ自体と生産および消費の不断の拡大とは、社会主義の究極目標ではなく、それは新しい型の社会と人間へひとりでに導くわけではない」と一九六七年に明らかにしていた[36]！

B　社会主義革命の諸課題

前項で明らかにしたように、経済システムの変革（＝賃労働と資本の基軸的関係の変革）こそが社会主義革命の核心であるが、私たちは、この変革を基礎にして社会が抱えているさまざまな問題を解決しなくてはならない。二一世紀も二〇年経たが、人類はさまざまな難題に直面している。大きく挙げれば、次の五つとなる。
①核兵器の廃絶をめざし、戦争と紛争を根絶して平和を創造する。
②貧富の格差を是正し生存権を保障する。
③農業を保護し、地球環境の破壊・劣化を阻止して安全な環境を保持する。
④個人の尊厳を基礎にジェンダー平等を実現する。
⑤人種差別を克服し根絶する。
本稿では、課題を羅列することしか出来ないが、どれも専門的知識によって内実を埋めなくてはならない。人類はこれらの難問を解決する努力のなかで、〈友愛〉と〈多様性〉に溢れる新しい社会を創造してゆくのである。

社会主義革命の実現のためには、その勝利をめざす〈変革主体の形成〉が不可欠であり、労働組合の活動と市民活動がその中軸を担う。「歴史の必然性」を強調すると、この核心的課題を軽視することになる。

一つだけ注意しなくてはならないことがある。さきに「この変革を基礎にして」と書いたが、その意味は「賃労働と資本の基軸的関係の変革」をまず成しとげてその後で他の諸課題に取り組むということではない。前に示したさまざまな難題の優先順位を決めることは困難であり、どの課題に注力しても他の課題を軽視したり切り捨ててはならない。同時並行的にその解決に努力する必要がある。一人でいくつかの課題に取り組むことは難儀だから、他の課題を追求する人と協力することが大切である。自分が選んだ課題こそが最重要で、他の課題は重要度が低いと思ってはいけない。どの課題と取り組むにせよ、「賃労働と資本の基軸的関係の変革」とかかわらせる努力が求められるということである。

また、どの課題にしても〈自然〉を大切にすることをその根底に据える必要があり、抽象的に目的を叫ぶだけではなく、目的に近づく現実的解決策を〈政権構想〉(後述)の一環として明示しなくてはならない。

なお、共産党が、ジェンダー平等を強調するようになったことは意義あることであり、学ばなくてはならない。第四インターは国際的にも日本でも「環境社会主義」を強調するようになった。

C　清廉な官僚制

第三に、本稿執筆途中で、菅義偉政権下での高級官僚の腐敗・法律違反が大きな話題となっているが、官僚制の問題についても明らかにしなくてはならない。この問題については、二〇一〇年に「ウェーバーの『官僚制論』を超える道」(37)を発表し、私の「創語」(38)を解説した時に次のように明らかにした。

これまで社会主義を高唱してきたマルクスやマルクス主義においては、官僚制の問題は重視されることなく、あえて言えば無視されてきた。他方、スターリン主義官僚のさまざまな所行と悪徳を許せないと考える人びとのなかからは、「スターリン主義官僚を打倒せよ!」の叫びが上げられていた。私は、ソ連邦をどのように認識するかという視点から官僚制に関する問題意識を抱くようになった。官僚制と言えば、一般にはマックス・ウェーバーの研究から学ぶことが慣わしなので、遅ればせながら関連書をひもといた。

日本の研究者では、渓内謙は先駆的に一九六五年に「ソ連邦の官僚制――若干の問題整理へのこころみ」[39]を書き、一時期はトロツキズムに傾倒したこともある湯浅赳男が一九七一年に『官僚制の史的分析』を著わした。湯浅は、「寡頭制の鉄則」を明らかにしたロベルト・ミヘルスに注目する。ウェーバーの友人でもあった、ドイツの社会学者ミヘルスは、ドイツ社会民主党の体制内化を直視し批判的に分析し、「寡頭制の鉄則」をえぐり出した。「寡頭制の鉄則」とは一言でいえば、あらゆる組織・集団（共同体、団体）は、規模が拡大すれば必ず少数の指導者による支配が実現されることを強調した理論である。ミヘルスは、組織は宿命的に官僚制化することを鋭く提起した。さらに湯浅はウェーバーの官僚制批判をフォローし、「一九二〇年に死亡したウェーバーの見聞することができなかったロシア労働者国家の半世紀の歴史は、周知のごとく、ウェーバーの予測の正しさを完璧に証明してしまったのであった」[40]と結論する。

湯浅の著作の二年後に刊行された三戸公の『官僚制』[41]も優れた認識を示していた。また、浜島朗は、ウェーバーは、この認識のゆえに、社会主義になっても「官僚制」という「未来の隷従の容器」が不可避であるというペシミズムに陥没してしまった、と明らかにしている。[42]

官僚制問題について、ボリシェヴィキの革命家のなかに唯一の例外が存在していた。ニコライ・ブハーリンである。スティーヴン・F・コーエンの名著『ブハーリンとボリシェヴィキ革命』の訳者塩川伸明の「解説」によれば、「ブハーリン路線の特徴は、プロレタリア国家の官僚主義的堕落の危険性を一貫して強調した点にある」[43]。コーエンによれば「ブハーリンは、マルクス主義と競合する諸理論を単に罵るのではなく、『論理的批判』で応えるべきだと信じていた」[44]。

東ヨーロッパでの歴史的経験からはヘゲディーシュ・アンドラーシュが優れた分析と提言を提出していた。彼は、一九五三年に第一副首相に就き、五五年からハンガリー事件が起きる五六年一〇月まで首相を務めた政治家であり、その後、研究者となった。一九七三年にその体制批判的主張のゆえに党から除名された。彼が著わした『社会主義と官僚制』が母国では刊行できず、イギリスで一九七六年に刊行され、日本では一九八〇年に平泉公雄訳で刊行された。ヘゲディーシュは、「社会主義の社会的・歴史的諸関係を具体的に分析することもなしに官僚制概念をせばめ、これがあたかも資本主義というただ一つの社会構成体の統治システムにのみ固有な現象であるかのごとく描き出す反論方法が、教条主義の影響のもとに形成され慣例となった」[45]と鋭く分析し、「この非科学的弁護論は、社会主義の普及にたいしてはかりしれない害毒をおよぼした」(同頁)と断罪する。さらに、ヘゲディーシュは官僚制への「社会的統制」を重要な課題として提起する。この視点からヘゲディーシュは、ユーゴスラヴィアの「社会的自主管理理論」を高く評価する。

官僚制の形成・存続の可能根拠は、組織の形成を不可避とする、人間の営為のなかにある。したがって、社会主義社会になっても官僚制を消滅させることはできない。

歴史的に見れば、〈賃労働・資本〉関係が成立するはるか以前にも、〈官僚制〉、あるいはその萌芽は存在していた。日本でも律令国家は八世紀の奈良時代に成立しているが、賃金労働者が生まれたのは一九世紀後半の明治維新の後である。

或る社会関係や制度について、その存在を廃絶できないのであれば、プラスの面を活かし、マイナス面を少なくする以外に、その弊害から逃れる道はない。官僚制の場合で言えば、〈清廉な官僚制〉を創造することこそが課題なのである。この認識は、ヘゲディーシュが主張する、官僚制の「社会的統制」をさらに徹底して貫くことによって得られる。

「社会的統制」の具体的な内実については、項目だけ示すと、①情報の公開、②オンブズマン制度、③官僚の特権の廃止、④官僚の輪番制、⑤政党制度における多党制、が必要である。また、中国には清貧な官僚を意味する「清官」という言葉があると、深津真澄から教示された。

D　非暴力の則法革命

第四に、〈則法革命〉こそが明確にされなくてはならない。

マルクスは『共産党宣言』で「まず政治権力を獲得する」と強調した。この「革命」がどのように実現するのか、その形態については、左翼のなかで「暴力革命」か「平和革命」かとして争点となり、「構造改革」という見解もあったが、この言葉は二〇〇一年に首相となった自民党の小泉純一郎の用語となった。日本共産党は、最近は使わないが「敵の出方」論を主張していた。不破哲三委員長（当時）は、二〇〇〇年に、「いま私たちが党の綱領でとっている『敵の出方』論はマルクスの真意に合致している[46]」と強弁していた。引用できずに「真意」とした点に注意。レーニンに習って「暴力革命」を主張した新左翼党派も「敵の出方」論の共産党も、その前提として資本制社会の政治システムは「ブルジョアジー独裁」だと考えていた（近年は共産党は「資本家階級」を使わなくなった）。だが、この前提こそが見直されなくてはならない。

私は、一九九七年に「『まず政治権力を獲得』論の陥穽[47]」を、二〇〇〇年に「『プロレタリアート独裁』論の錯誤[48]」を、翌年に「則法革命こそ活路――民主政における革命の形態[49]」を発表して、「まず政治権力を獲得する」という結論の誤りを明らかにして〈則法革命〉を提起した。それらの出発点は法学者・尾高朝雄に学んで法律の重要性を認識したことにある。逆に、マルクスの『共産党宣言』やレーニンの『国家と革命』では「法律」についてはまったく触れていない。

〈権理の主体〉を〈法の前で平等な権理をもつ市民〉とする政治システムを創りだした近代社会においては、その政治システムは「ブルジョアジー独裁」ではなく、〈法に拠る統治〉＝〈法拠統治〉であり、原理的には〈民主政〉と言える（現実には選挙制度によって〈歪曲民主政[50]〉となっている）。そのゆえに、社会主義革命は法（法律）に則って実現することができるし、実現しなくてはならない。私が主張しなくても、マルクスの同時代人で法学者のアントン・メンガーは、『全労働収益権史論』で〈生存権〉を明確にし、『新国家論』では「社会主義の平和的方法による実現の可能と必要[51]」を説いていた。

本稿では、新しくもう一つのキーワードとして〈非暴力〉と加える。良く知られているように、インドでガンジーは「非暴力」を貫いて不平等と闘った。その意義については、北島が「仏教における『尊厳』概念」（九頁～）で明らかにしている。だが、「階級闘争史観」に依拠するマルクス主義では「国家権力の暴力」と対決することが重視されてきたから、「非暴力」は忌避されてきた。その証拠に、共産党の綱領には、「非暴力」とは書かれていない。私自身、これまでも外国からの侵害に関して、小林直樹から学んで「非暴力抵抗」[52]と書いたことはあったが、〈則法革命〉と関わらせて記述したことはなかった。だが、〈則法革命〉のいわば同義として明確にするべきであった。そうすれば、ガンジーに傾倒する人たちと真剣に交流できたであろう。

私は二〇一七年に「社会主義への政治経済文化的接近を」で、このように考えることによって「重層的に社会主義への接近を模索・追求するようになり、そうすることによって、社会主義への水路を広げることが出来る」[53]と明らかにした。その結びでは、「〈社会主義への政経文接近〉とは、別言すれば『他人のためを思う、善意の努力はすべて社会主義に通底する』という姿勢を意味する。『他人のためを思う、善意の努力』には、本人が意識するか否かにかかわらず必ず〈友愛〉が貫かれている。その意味では、社会主義は〈友愛社会主義〉と表現することがベストなのである」と結論した（なお、私は昨年末に「宗教と社会主義との共振（続）」で「『友愛社会主義』と創語することはためらっていた」[54]と書いたが、記憶違いの誤りであった）。

こうして、社会主義革命は、国民（市民）多数の共鳴と支持を獲得して〈非暴力の則法革命〉として実現されなくてはならない。

ようになった。

E 〈政権構想〉と〈閣外協力〉

第五に、「政権構想」がぜひとも必要である。近年、ようやく「政権構想」の四文字を散見するようになった。

立憲民主党は二〇一九年三月二六日の常任幹事会で「政権構想委員会」を設置すると決定した。翌二〇年五月二九日、同党の枝野幸男代表は新型コロナウイルス感染収束後の日本社会のあるべき姿を盛り込んだ「支え合う社会へ――ポストコロナ社会と政治のあり方」と題した私案を発表した。マスコミ各紙は「政権構想の私案」として報道した。これについて、共産党の志位和夫委員長は、「……政権構想私案『支え合う社会へ――ポストコロナ社会と政治のあり方』への見解を問われ、『これは野党共闘の今後にとっても大事な前向きな動きだと考えており、引き続きよく話し合っていきたい』と表明しました[55]」。さらに今年一月三一日に立憲民主党は昨年九月の新発足いらい初めての党大会を開いた。そこで枝野代表は、「新しい政権」のための「政権構想をつくりあげる[56]」と発言した。

共産党は昨二〇年一月中旬に開いた第二八回党大会の「第一決議」で当面の政治課題のなかで「政権構想」に三度触れた。今年に入って、小池晃書記局長が静岡市議選オンライン演説会で「『今こそ野党が連合政権構想を示すとき』と熱弁しました[57]」。また、志位は、『週刊金曜日』のインタビューで一昨年夏に「『野党としての政権構想を示すことが大切だ』と提案し[58]」たと語った。一昨年夏とは、前記の立憲民主党の「政権構想委員会」を設置の後である。そして、昨年末の第二回中央委員会総会で「新しい日本をつくる五つの提案」を決定したが、それを「政権構想」とは明示しない。

　私はこの間、「創共協定」の意味を理解するために公明党について勉強していて「政権構想」の四文字を強く再確認した。公明党は一九七三年の第一一回党大会で「中道革新連合政権構想の提言」を打ち出していた。共産党はその直後に第一二回党大会を開き、「民主連合政府」を主張した（新左翼はその主張をバカにしていた）。『民主連合政府綱領──日本共産党の提案』が一九七五年に刊行されていた。共産党は「政権構想」とは言わずに、「政府綱領」と主張していた。党の「綱領」のほうを最重要と考えているからであろう。

　まともに考えれば、現にある（自民党）政権を打倒できたとすれば、直ちに新政権を樹立することになり、そうなればその政権はどんな政策を実現しようとするのかが喫緊の課題となる。そのためには、打倒をめざす準備の過程で〈政権構想〉が不可欠に必要となる。現実の生活と政治に責任を持とうとすれば、説明の必要もなく当然である。

　私は、『フラタニティ』第一二号（二〇一八年一一月）の「政局論評」で「市民運動としても政権構想を提起する必要がある」と提起し、第一三号（一九年二月）の「政局論評」でも「〈政権構想〉と〈閣外協力〉を明確に」と主張した。この提起に対して、元首相の鳩山友紀夫から「友愛の政権構想を打ち上げよ」[59]とタイトルした寄稿文をいただいた。また、同年に『週刊金曜日』に私の投書「閣外協力で政権交代を」が掲載された。[60]さらに昨年、「〈政権構想〉と〈閣外協力〉／〈利潤分配制〉の提案」[61]を発表した。

〈政権構想〉と表現する意味はどこにあるのか。個別の諸課題を超えて、トータルな視野で考えることを強く意識することである（「全体的視野」と言ってもよいが、「全体主義」が連想され、「総体的視野」だと「相対」と同音なので、「トータルな」とする）。人間は往々にして、自分が選んだ課題、自分が探究している領域にだけ意識を集中し、それがもっとも重要な問題だと錯覚する、視野狭窄に陥る。そして、他の課題を軽視したり無視する。「葦の髄から天井を見る」という警句は活かされていない。〈政権構想〉と明確に意識して、自分の主要な課題をその一部として位置づけることが出来れば、他の諸課題も存在すること、それらの諸課題についての認識と探究も重要であることを意識するようになる。自らの小ささと欠落を素直に認め、他者から学ぶことに意を注ぐことが容易となる。

〈政権構想〉というからには、外交、防衛、経済、教学育、税制、司法制度、選挙制度、農業政策、沖縄政策、社会保障、医療、国土整備、など多くの分野（列記順は重要度を示すものではない）について、その基本的な方向と施策を明示しなくてはならない。とても個人や小さな組織でなし得ることではなく、広く専門的な人びとの協力を結集しなくてはならない。私たちに出来ることはその素材を提供し、欠落を意識して部分的に埋めることだけである。私はこれまでに、①自衛隊：災害救助隊と国連指揮下の日本平和隊への改組、非暴力抵抗権、②文化象徴天皇への改革、③生存権所得（ベーシックインカム）と「利潤分配制」、④大企業の民主的改革、⑤税制の民主的改革、⑥農業：農業保護税、農休など、を主張してきた。季刊『フラタニティ』の表二頁を参照してほしい。

〈政権構想〉と合わせてもう一つ明確にすべき問題がある。〈閣外協力〉という考え方＝選択肢である。新しい政権を誕生させる政治状況が到来した時に、国会の首班指名ではA党の候補に投票するが、A党が主導する内閣に基本政策での不一致点があるため参加しないで、閣外からA党が主導する内閣を支持するのが、〈閣外協力〉である。

これまで、日本では〈閣外協力〉は例外的であった。一九九六年に自民党が政権に返り咲いた際に（橋本龍太郎政権）、社民党と新党さきがけが「閣外協力」したことがあっただけである。なお、スウェーデンを初めヨーロッパで比例代表制を採用している国では過半数を得る政党が存在しにくく、連合政権が多いのだが、そこでは「閣外協力」が常態化しているという。

〈閣外協力〉の利点は、国会でキャスティング・ボートを握る位置に立った場合に、最悪の政党の首班候補と次善の候補が争う時に迷うことなく次善の候補に投票できる。頑なに自分の党も立候補して、最悪の首班候補の勝利に「加担」する愚を避けることが出来る。

なお、志位は、前記のインタビューで「『閣内協力でないとだめ』とは一度も言っていません」と語った。志位は「閣外協力」とは言わないが、「閣外協力」と明確にすれば、「自衛隊違憲」と主張しながら、新政権の誕生に協力できる。この点は、先日『週刊金曜日』の「論考」でも一筆した。(62)

この問題については、村岡編『政権構想の探究①』（ロゴス、二〇二〇年）を参照してほしい。

F　複数前衛党と多数尊重制

第六に、組織論についても明確にしなくてはならない。

社会主義革命を実現するためには、前記のように国民（市民）多数の共鳴と支持が不可欠である。そのためには、複雑多岐におよぶさまざまな課題についてトータルな認識が必要となる。しかし、日本国憲法を暗記する法学者も存在したというが、そもそも人間はだれでもその能力は有限である。従って、どんなに優れた能力を保持していても一人ですべての問題についてフォローすることは出来ない。少しでも大きな問題については、その解決のためには他の人間との協力が不可欠である。南海の孤島で一人で生きる例外が存在する場合がないとはいえないが、人間は一人では生まれることはなく、通常は他人との協力なくしては生きて行くことは出来ない。政治の領域で何らかの協力が必要となれば、多くの場合には一時的ではなく長期にわたる協力となる。そこで、〈組織〉が生まれる。それが政党である。社会主義革命を実現するための政党が、自らを〈前衛党〉と自負することは誤りとはいえない。先駆的認識を示し、犠牲的労苦を背負って活動することは否定されるべきではない。注意すべきことは、自分だけが「前衛」で他の人は「遅れている」とか「劣っている」と錯覚してはいけない。また、社会主義を望み志向する人が必ず政党に加入する必要はない。だが、政党の必要性を否定したり、嫌うことは誤りである。

上意下達や組織による拘束の強化によって、個人の自由を偏って強調する傾向や組織嫌いが強まっているが、人間の協力と組織の重要性をしっかりと認識し、身につける必要がある。問題は、どのような組織が望ましいのか、にある。これが組織論の課題である。しっかりした組織論がなければ、確かで成長する政党を建設することはできない。

私は組織論については、一九八六年に「複数前衛党と多数尊重制[63]」を発表した。その二年前八四年に共産党が「赤旗」無署名論文「科学的社会主義の原則と一国一前衛党――『併党』論を批判する」を発表した。私は、直ちに「『一国一共産党』論の誤り[64]」で批判を加えた。「複数前衛党と多数尊重制」ではさらに自説を積極的に展開した。この問題についても前記の「創語録」で取りあげたので、その要点を再説しよう。

まず共産党の無署名論文の骨子は、①マルクスやレーニンは「一国一共産党」の立場に立っていた、②「一国一共産党」の否定は「労働者階級の統一を否定することになる」、③「併党」論は「分派禁止」と矛盾する、④ソ連邦が自国では「併党」を認めないのは矛盾している、などの主張である。これに対して、私は、社会主義をめざす革命に勝利するためには前衛党は不可欠に必要だと明確にしたうえで、「真理の部分性」認識に立脚して〈部分的前衛性〉を認めることが重要だと明らかにした。したがって、前衛党は複数に存在してもよい。前衛党と人間観については、ロシア研究の先達・渓内謙の名著『現代社会主義の省察』（岩波書店、一九七八年）の「第一章　党について」から学んだ。

一九九〇年の第一九回党大会で宮本顕治は「複数前衛党論を主張する人たちが出てきています」と報告した[65]。このころに「複数前衛党」と書いていたのは村岡以外にはいなかった。名指しはしなかったが、宮本の耳には入っていたのであろう。

この問題については、一九九五年に「開かれた党組織論を[66]」が『週刊金曜日』に掲載された。

もう一つ、私は共産党の「民主集中制」に代わる組織論として〈多数尊重制〉を提起した。〈多数尊重制〉とは次のような組織原理をいう。一つの組織のなかで、或る問題について態度表明するさいに、①多数決によってその組織としての態度（政策や方針）を決定する（仮に決定Aとする）、②決定Aに反対や異論のあるその組織のメンバーは、自分の考えを述べ、実践することもできる、③ただし、その場合には決定Aがその組織の見解であることを必ず明示しなくてはならない。こうすることによって、従来いつも問題にされてきた「少数意見の保持者」の権理は充分に保証される。しかも、決定がAであることを明示するがゆえに、多数意見もまた当然ながらより以上に尊重される。

なお、共産党は、志位が初めて委員長に選出された二〇〇〇年の第二二回大会での規約改定で「前衛政党」規定を止めた。それなのに機関誌『前衛』は改題されることなく刊行されている。そういう外形的なことよりも重大な問題は、共産党が党組織論を語れなくなっていることである。多作を誇る不破哲三は、全七巻の『レーニンと「資本論」』[67]を著わしているが、そこでは一九八〇年前後に話題となった田口富久治名古屋大学教授との組織論をめぐる論争は忘失され、組織論についてはまったく触れていない。志位は「循環型」とつぶやくことがあるが、レーニンの「民主集中制」と「循環型」とが相反することは自明である。ついでに付言すると、一九七〇年代には、『革命的気概と自覚的規律――共産党員の修養』が共産党中央委員会出版局から刊行されるなど、組織論について強調していた。近年、ぱったりとその種の文献がなくなったことと、党勢の後退・停滞は密接に関係しているに違いない。この項目の最初に確認したように、しっかりした組織論がなければ、確かで成長する政党を建設することはできない。

私は、前編著の終わりに「私は一つの仕事を成し遂げたという思いと今度こそ何らかの反応が起きてほしいという期待を抱いている」[68]と希望したが、本稿の最初にふれたように、「これまでにない良好な反応を得ることができた」。とはいえ、なお小さく、もっと大きな波紋が広がることを重ねて希求する。

〈注〉

（1）村岡到『「創共協定」とは何だったのか』社会評論社、二〇一七年、五一頁～。
（2）「村岡到インタビュー」『宗教問題』第三三号：二〇二一年二月、一一六頁。
（3）斉藤幸平『人新世の「資本論」』集英社、二〇二〇年、二頁。
（4）マルクス『ユダヤ人問題について・ヘーゲル法哲学批判序説』岩波文庫、一九七四年、七二頁。
（5）山本広太郎「親鸞を社会主義論に活かす――村岡到編『宗教と社会主義との共振』を読んで」『フラタニティ』第二二号：二〇二一年五月、一六頁。
（6）村岡到編『マルクスの業績と限界』ロゴス、二〇一八年、参照。『共産党宣言』の著名な一句「近代的国家権力は……ブルジョア階級の委員会」や『資本論』の良く知られている「弔鐘が鳴る。収奪者が収奪される」という「歴史の必然性」論は誤りである。また、『資本論』初版の「序言」の結びの一句に典型的なマルクスの独善的姿勢を批判した（一〇六、一一三、一一七頁）。
（7）グスタフ・ラートブルフ『社会主義の文化理論』原書：一九二二年、みすず書房、一九五三年、一三二頁、一三四頁。

(8) 村岡到「ソ連邦崩壊後の5冊」『QUEST』第一一号：二〇〇一年一月。『連帯社会主義への政治理論』五月書房、二〇〇一年、二六二頁。

(9) 村岡到『連帯社会主義への政治理論』一六八頁。ラートブルフは「われわれはプロレタリアートの独裁と呼ばれようと全くこれを望まない」（一三四頁）と書いていた。二〇〇九年に刊行した『生存権所得』（社会評論社）の巻頭で「憲法はなぜ大切か」と章立てして、そこでも再説した（二六頁）。

(10) 村岡到『友愛社会をめざす』ロゴス、二〇一三年、二〇八頁。

(11) 村岡到『左翼の反省と展望』ロゴス、二〇二〇年、八四頁。

(12) 村岡到「複数前衛党と多数尊重制」『前衛党組織論の模索』稲妻社、一九八八年。

(13) 村岡到『宗教と社会主義との共振』ロゴス、二〇二〇年、一五一～一五二頁。

(14) 村岡到『社会主義はなぜ大切か』社会評論社、二〇〇五年、九一頁。

(15) 亀山純生「日本仏教が社会変革運動と「共振」しうる主体的条件」『宗教と社会主義との共振』二九頁。

(16) 野間宏「解説」：梅本克己著作集第九巻『宗教・文学・人間』三一書房、一九七八年、五二六頁。梅本主体性論については、「梅本克己さんの時代的限界」『親鸞・ウェーバー・社会主義』ロゴス、二〇一二年、参照。

(17) 村岡到「社会主義への政治経済文化的接近を」『フラタニティ』第七号＝二〇一七年八月。『「創共協定」とは何だったのか』に収録。一七〇頁。

(18) 徳永光俊「森麻季さんを聴いています」『フラタニティ』第二二号：二〇二一年五月、七五頁。

(19) 「村岡到インタビュー」『宗教問題』第三三号、一一七頁。

⒇　村岡到「戦前における宗教者の闘い」『親鸞・ウェーバー・社会主義』五八頁。さらに『池田大作の「人間性社会主義」』（ロゴス、二〇一九年）など参照。

(21)　下澤悦夫「現代の日本社会とキリスト教」『宗教と社会主義との共振』六五頁。

(22)　「赤旗」二〇二〇年一二月二二日。

(23)　村岡到「『唯物史観』の根本的検討」東京唯物論研究会『唯物論』第七四号＝二〇〇〇年一二月。『連帯社会主義への政治理論』に収録。

(24)　村岡到「唯物史観から複合史観へ」『生存権所得』に収録。

(25)　千石好郎『マルクス主義の解縛』ロゴス、二〇〇九年、第Ⅱ部。

(26)　村岡到「『計画経済』の設定は誤り」『協議型社会主義の模索――新左翼体験とソ連邦の崩壊を経て』社会評論社、一九九九年、に所収。

(27)　村岡到「ソ連邦崩壊から何を学ぶべきか」『社会主義はなぜ大切か』社会評論社、二〇〇五年、第4章、一七九頁。

(28)　村岡到「〈協議経済〉の構想」『協議型社会主義の模索』に所収。

(29)　村岡到「〈生存権〉と〈生活カード制〉の構想」『協議型社会主義の模索』に所収。

(30)　村岡到『友愛社会をめざす』八〇頁。

(31)　エンゲルス『反デューリング論』下、岩波文庫、二六四頁。

(32)　マルクス『ゴータ綱領批判』岩波文庫、一八七五年、三五頁。

(33)　藤田整『ソヴェト商品生産論』世界思想社、一九九一年、一二三頁。私は、この結論を『社会主義はなぜ大切か』で紹介した（一五七頁）。「ウェーバーの『社会主義』批判について」を『親鸞・ウェーバー・社会主義』ロゴス、二〇一二年に収録した時にも〈追記〉として加えた。

(34) 村岡到「『価値・価格論争』は何を意味していたのか」『ソ連崩壊と新しい社会主義』時潮社、一九九六年。

(35) 村岡到編『原典　社会主義経済計算論争』ロゴス、一九九六年。「解説」は『ソ連邦の崩壊と社会主義――ロシア革命１００年を前に』（ロゴス、二〇一六年）に収録。

(36) 村岡到「解説」：『原典　社会主義経済計算論争』二〇七頁。『ソ連邦の崩壊と社会主義』一五一頁。

(37) 村岡到「ウェーバーの『官僚制論』を超える道」『プランＢ』第三〇号＝二〇一〇年一二月。『親鸞・ウェーバー・社会主義』に収録。

(38) 村岡到『友愛社会をめざす』五二頁〜。

(39) 渓内謙「ソ連邦の官僚制――若干の問題整理へのこころみ」『世界』一九六五年一月号。

(40) 湯浅赳男『官僚制の史的分析』御茶の水書房、一九七一年、七頁。注(37)一四二頁。

(41) 三戸公『官僚制』未来社、一九七三年。

(42) 浜島朗『ウェーバーと社会主義』有斐閣、一九八〇年、八四頁。注(37)一二九頁。

(43) 塩川伸明「訳者解説」。スティーヴン・Ｆ・コーエン『ブハーリンとボリシェヴィキ革命』（原著：一九七三年）、未来社、一九七九年、四九六頁。

(44) コーエン『ブハーリンとボリシェヴィキ革命』三七頁。

(45) ヘゲディーシュ・アンドラーシュ『社会主義と官僚制』（原著：イギリス・一九七六年）。平泉公雄訳、大月書店、一九八〇年、二八頁。Ⅳ章と一七三頁。

(46) 不破哲三『レーニンと「資本論」』５、新日本出版社、二〇〇〇年、四二一頁。

(47) 村岡到「『まず政治権力獲得』論の陥穽」『カオスとロゴス』第九号＝一九九七年一〇月。『連帯社会主義への政治理論』に収録。
(48) 村岡到「『プロレタリアート独裁』論の錯誤」『連帯社会主義への政治理論』所収。
(49) 村岡到「則法革命こそ活路――民主政における革命の形態」：「稲妻」第三三四号＝二〇〇一年二月一〇日。『連帯社会主義への政治理論』に収録。
(50) 村岡到『友愛社会をめざす』四七頁。
(51) アントン・メンガー『全労働収益権史論』（原書：一八八六年）、弘文堂書房、一九二四年、第二章。／『新国家論』。松尾敬一『法理論と社会の変遷』有斐閣、一九六三年、から重引。一四〇頁。
(52) 村岡到「自衛隊の改組にむけた提案」『プランB』第三五号：二〇一一年一〇月、『親鸞・ウェーバー・社会主義』に収録、一九五頁。
(53) 村岡到「社会主義への政治経済文化的接近を」『「創共協定」とは何だったのか』一七六頁。
(54) 村岡到「宗教と社会主義との共振（続）」『宗教と社会主義との共振』に収録。一五六頁。
(55) 志位和夫：「赤旗」二〇二〇年六月五日。
(56) 枝野幸男：「赤旗」二〇二〇年二月一日。
(57) 小池晃：「赤旗」二〇二一年二月一四日一面。
(58) 志位和夫インタビュー：『週刊金曜日』二〇二一年二月一九日号。
(59) 鳩山友紀夫「友愛の政権構想を打ち上げよ」『フラタニティ』第一四号：二〇一九年五月。
(60) 村岡到「閣外協力で政権交代を」『週刊金曜日』二〇一九年八月三〇日。『政権構想の探究①』ロゴス、二〇二〇年、に収録。

(61) 村岡到「〈政権構想〉と〈閣外協力〉/〈利潤分配制〉の提案」『政権構想の探究①』に収録。
(62) 村岡到「日本共産党の党勢はなぜ伸びないのか」『週刊金曜日』二〇二一年四月一六日。
(63) 村岡到「複数前衛党と多数尊重制」『前衛党組織論の模索』稲妻社、一九八八年に収録。
(64) 村岡到「『一国一共産党』論の誤り」『変化の中の日本共産党』稲妻社、一九八六年に収録。
(65) 日本共産党『前衛』一九九〇年九月号、二八頁。『不破哲三と日本共産党』ロゴス、二〇一五年、四〇頁、参照。
(66) 村岡到「開かれた党組織論を」『週刊金曜日』一九九五年三月一〇日。『不破哲三との対話』ロゴス、二〇〇三年、に収録。
(67) 不破哲三『レーニンと「資本論」』全七巻、新日本出版社、一九九八年~二〇〇一年。
(68) 村岡到『宗教と社会主義との共振』一六〇頁。

(本稿では人名について敬称をすべて外した)。

〈追記〉

注(46)の不破哲三の記述に関連して、本稿の脱稿後にマクシミリアン・リュベル、マーガレット・マネイル『神話なきマルクス――その生涯と理論』(現代思潮新社。後出の〈追記〉一四三頁参照)で、マルクスが一八七一年三月の「パリ・コミューン」の半年後に第一インターナショナルの会議で革命の形態について、「平和的方法」と「武器を取って」と両方の可能性を語り(四一一頁)、翌年のハーグ大会でもこの二つに触れたことを知った(四二三頁。表示されている出典は『マルクス・エンゲルス全集』大月書店、第一八巻、一五八頁)。一八七八年にも同じことを語っている(四七一頁)。

付録1

コロナ禍が問う深刻な難題

村岡　到

新型コロナウイルスが全世界で深刻な脅威となっている。累計感染者は世界で一億四四六五一万人を超え、死者数は三一〇万人を越えた。最大のアメリカでは、三二〇四万五二三五人が感染し、五七万一九二一人が死亡。日本では感染者五六万八二八三人、死者九九七七人（四月二五日現在）。日本ではコロナ感染者の死亡率（死亡者数の陽性者数に対する割合）は一・四％と高く（二〇〇九年に流行した新型インフルエンザでも〇・〇一％程度）、変異株の感染力はさらに高い。後遺症も深刻で長期にわたると予測されている。コロナ禍の今後については誰も確かな予測は出来ない。

昨年四月七日に「緊急事態宣言」が発せられ（五月二五日に解除）、今年一月八日に二度目が発出された（三月二一日に解除）。今年四月初めから「まん延防止等重点措置」が宮城・大阪・兵庫に発せられ、さらに東京・京都・沖縄も追加され、二〇日からは埼玉・千葉・神奈川・愛知も加えられた。二五日から東京・大阪・京都・兵庫の四都府県に三度目の緊急事態宣言が発出された（五月一一日まで）。飲食店などが休業要請となり、「自粛生活」が呼びかけられ、マスク着用など生活様式の変容を迫られている。だが、その効果は不十分で感染は第四波となり、政府の対応の遅れが目立っている。

コロナ感染症の治療薬はなお開発されておらず、感染拡大防止の決め手とされるワクチン接種では「日本の敗戦」とすら言われていて、その遅れは尋常ではない。「東京新聞」には「英47％米34％進む各国　日本出遅れ0.9％」という見出しの記事が掲載された（四月一三日）。ワクチンについては副反応の問題や有効期限の問題もある。ワクチン接種拒否者（マスク着用拒否者も）にいかに対応するかも問題である。

一年前に本誌第一八号（二〇二〇年五月）で「新型コロナが問う人類史的課題」（前稿1）を、前号で「コロナ特別措置法について議論を――コロナ禍は問う」（前稿2）を発表したが、三たび取り上げる。

前稿1では、「医療従事者への感謝」に踏まえて、「社会のあり方を照らし出した新型コロナ」として、医療制度の実態、貧富の巨大な格差、政治制度のあり方、経済制度の質と限界、自然と人間の関係、日常の生活が一変、マスコミの責任、「一人一〇万円給付」の理論的根拠、〈友愛〉を基礎に〈被災生存権所得〉を、などの諸点を簡略に指摘・提起した。

前稿2では、「感染力が強い変異種も現れていて、後遺症の発症も災いとなるなど未知の部分が多い」と指摘して、「①生活困窮者の生存権の保障、②医療の重大性、③貧富の巨大な格差、④政治家、特に為政者の責任、⑤コロナ特別措置法、⑥資本制経済の限界、⑦人間と自然との関係、⑧科学・技術のあり方、⑨ワクチン供与での米中対立、⑩責任を負う生き方・主張、が問われている」

と書き、コロナ特別措置法についての論点を明らかにした。

コロナ禍は経済に深刻な打撃を与えている。帝国データバンクの調査では、昨年の飲食店事業者の倒産件数は七八〇件で過去最多となった。東京商工リサーチの調査では昨年末に三二％の店舗が廃業を検討している。他の業種でも大幅に減益となり、企業の縮小が続いている。野村総合研究所の調査では「実質的失業者」（勤務シフトが半分以下になり、休業手当も受け取っていない労働者）であるパートやアルバイトが一四六万人（女性：一〇三万人、男性：四三万人。女性は飲食店などに対する営業時間の短縮要請の影響で、昨年一二月より二月は一三万人増えた）になり、失業者（一九七万人）や休業者（二四四万人）に迫る規模で（完全失業率は二・九％）、きわめて深刻な事態である。〈被災生存権所得〉の新設が急務である。

コロナ禍による医療崩壊もきわめて深刻である。説明の余裕はないが、日本は国民皆保険など医療制度、病院の数などについては先進的であるが、感染症の経験が少なく、その対策は遅れていて、脆弱だと暴露された。医療従事者の負担はきわめて重く、特別な配慮・施策が必要である。

なお、コロナ禍についての、政府に批判的に直言する、東京都医師会の会長尾崎治夫氏の言動に注目・評価しなくてはならない。尾崎氏は、「自民党を離党せよ」という声に真摯に応え、自身の敬愛する兄が連合赤軍のメンバーだったこと、現在はカメラマンとして活動していると明らかにしている（仙台市の鈴木康氏のブログ。二〇二〇年八月一五日）。

コロナ禍は教学育に甚大な影響・被害をもたらしている。幼稚園から高校まで、休校になる場合もあり、対面の授業が激減し、オンライン授業が増えている。部活動も短時間に制限されている。これまであった保母や教師とのふれあいの機会が無くなりつつある。友だちとの交流・会話も無くなる。これが人格形成にとってどのような悪影響を生むか想像すると恐ろしいとすら言える。幼児体験が子どもの将来に強い影響を与えることが分かっている。また、リモート学習の積極面もゼロではないが、貧しい家庭では子どもにパソコンを与えることが困難な場合も少なくない。視聴覚に難儀がある児童・学生に弊害はないのか。

大学生への影響も深刻である。昨年は大半の大学で入学式も出来なくなり、大学のキャンパスに一度も行ったことがない学生もいる！　対面の授業もなく、友人との会話も出来ない。これでは、人格の形成において大きな欠損を生じるに違いない。他人との会話によってこそ社会人としての資質を学び会得していくのに、それが出来ないのだ。

また、アルバイトで生活費と学費を捻出している学生は、アルバイトの機会が減少し収入が激減したりゼロになる場合もある。「文科省によるとコロナの影響で昨年四月から一二月の間に休学した学生は全国で約四四〇〇人、中退は約一四〇〇人にのぼる」。「東京新聞」で蒲敏哉氏は、この数字をあげて、「大学生の在籍延長」を提案している（四月一七日）。

演劇など芸術の衰退も憂慮すべきであり、何らかの援助が必要である。

前稿1を次のように結んだが、そのまま再確認する。「この難局において最も必要で大切なのは〈友愛〉である（「自由」の強調は社会の崩壊を助長するだけである）。この大切な心情・信条が、未来社会＝社会主義にも通じ、人類の未来を手繰り寄せる。一四世紀のペストが王政の崩壊とルネサンスの契機となったように、新型コロナは社会と世界のあり方を根底的に変革する前触れになるだろう」。そうしなければならないのである。

本稿のテーマはコロナ禍であるが、最後に日本の政局について一言触れておく。すでに都議選挙は六月二五日に告示（投票は七月四日）と決定され、衆議院総選挙は秋までに行われる。四月二五日には菅義偉政権で初めての三つの国政選挙が行われた。衆院北海道では立憲民主党の松木謙公氏が、参院長野では同党の羽田次郎氏が、参院広島では宮口治子氏が勝利した。三人とも市民と野党の統一候補。共産党が統一候補実現に寄与したことが勝因の一つである。菅政権に大打撃となり、九月の自民党総裁選挙での菅再選に黄色信号となった。

（二〇二一年四月二六日）

付録2

村岡到さんへの手紙

山田太一

村岡到　様

ありがたく嬉しいお便りと御本〔『悔いなき生き方は可能だ』ロゴス、二〇〇七年〕や『もうひとつの世界へ』誌をいただき、すぐにも御礼の手紙をと思いましたが、御本を読まずにでは失礼と思い、時間がたちました。

『悔いなき生き方は可能だ』は、村岡さんの個人史、立ち位置が文章と分かちがたくあり、一つひとつの言葉が借りものではなく、村岡さんの語るところとなっていて、読後、一個の人格に接したような感銘がありました。

「愛」とか「宗教」とか、科学的記述を損なう輪郭も実体も判然としない世界を、なんとか網の中に捉えようとなさっていること、その努力に胸を打たれるし、その必要もとても感じました。連帯社会主義は、こうしたものをきちんと捉えないでは、実現しないということ、〈則法革命〉という思い切った（御経歴からいえば、です）ことばを提示して、努力をやめない根性に教えられました。お手紙の言葉を借りれば、ああ「こういう人」がいるのだ、と襟を正す気持ちにもなりました。

西川〔伸一、明治大学教授〕さんが〔同書の解説で〕「寅さん」に通ずるものをお感じになったとお書きですが、倉本〔聰、脚本家〕さんの世界といい、やはりそういう人情の水位で社会主義者が世界を考えているということに、救いも喜びも感じました。私の感想など、おはずかしいものですが――。ありがとうございました。

〔二〇〇七年〕八月二三日

☆おことわり〔村岡到編『閉塞を破る希望――村岡社会主義論への批評』への収録にさいして〕

山田太一さんの前掲のお手紙は、村岡到がテレビドラマ「遠い国から来た男」（七月二三日、TBS）の感想を書いた文章と短い手紙を初めて送った（八月六日）ことへの返信です。公表をお願いし、快諾いただいたので、掲載します。そのドラマ評は、『もうひとつの世界へ』第一一号（二〇〇七年一〇月）に掲載されています。

〈『「創共協定」とは何だったのか』での追記〉

本文がほぼ出来上がったので、山田太一さんに一〇年前に書いていただいた手紙（前掲）の再録をお願いしたところ、病の山田さんから了承する旨の直筆のおハガキをいただいた。お願いを発した後で、「朝日新聞」で「今年一月、脳出血で倒れ、リハビリを続けている」（九月一六日）という記事を読んで、知らなかったとはいえ、うかつなことだったと反省していたが、丁寧なお返事をいただき、思わず涙が湧いた。ご回復を祈ります。ありがとうございました。

あとがき

まずは、収録論文などの初出を記す。

・北島義信　仏教における「尊厳」概念　季刊『フラタニティ』第二二号：二〇二一年五月
・北島義信　宗教と平和――霊性を中心に　『フラタニティ』第八号：二〇一七年一一月
・島崎　隆　社会主義と宗教の対抗から協力関係へ　『フラタニティ』第二二号：二〇二一年五月
・菅原伸郎　七地沈空も悪くない　『フラタニティ』第二二号：二〇二一年五月
・中野　毅　南原繁の「人間革命」――南原繁研究会編『今、南原繁を読む』を読む　初出
・中野　毅　村岡到氏の「創共協定」めぐる問題意識に共振『フラタニティ』第二〇号：二〇二〇年一一月
・松本直次　社会変革運動の新たな境地を切り開く提起　『フラタニティ』第二一号：二〇二一年二月
・島薗　進　新たな社会主義のビジョンを提示　「図書新聞」二〇二一年三月二〇日
・紅林　進　宗教と社会主義の対話と協力へ貴重な提起　初出
・西川伸一　『宗教と社会主義との共振』に学ぶ　初出
・村岡　到　宗教と社会主義との共振（再論）　初出
・村岡　到　コロナ禍が問う深刻な難題　『フラタニティ』第二二号：二〇二一年五月

・山田太一　村岡到さんへの手紙
村岡到編『閉塞を破る希望――村岡社会主義論への批評』ロゴス、二〇〇八年

どの論文からも学ぶことがあるに違いない。編者の私も教えられることが少なくなかった。他方、私の認識とは異なる記述もある。問題をめぐる認識を深化させることが、本書刊行の狙いだから、むしろ好ましい。異なる見解の交叉・点検によってこそ共通認識に深みが増すからである。

私の論文では、一九九一年のソ連邦崩壊後に社会主義について探究してきたことを整理して展開した。ぜひともきびしく検討していただきたい。コロナ禍が深刻なので付録も付けた。

山田太一さんのお手紙を再掲した。いただいた時に感涙するほど励まされた。

本書がさらなる波紋の広がりを生み出すことを希求する。

二〇二一年五月一日

村岡　到

〈追記〉『神話なきマルクス』を読んで

本書の論文を脱稿した直後に、現代思潮新社の渡辺和子さんから最新刊の『神話なきマルクス――その生涯と理論』という五五二頁の大冊（現代思潮新社）をいただいた。著者はマクシミリアン・リュベルとマーガレット・マネイル。訳者は角田史幸氏。原書はイギリスで一九七五年に刊行。貧困と病気に抗して膨大な論文を書き上げたマルクスの歩みを年ごとに克明に掘り起こしている。興味深い事実と論点が数多いが、ここでは本書のテーマである宗教についてだけ取り上げる。事項索

引は無い（詳細な人名索引は付いている）が、宗教について主要な箇所だけ紹介しよう。

「一八二五年―一八四〇年」の小項目では、「学位論文に取り組んでいるときに、マルクスは、哲学と宗教の和解を心に描くアカデミックな著者に対して批判しようと思い付いている」（四四頁）。

「一八四四年」では、「ヘーゲル法哲学批判序説」の例の「宗教は民衆のアヘンである」の一節が引用されている（七三頁）。

「一八四七年」では、マルクスが「宗教はプロレタリアートの利益に役立ったことは一度もなかった」と考え、「特にキリスト教は、階級支配の必要性を説教」すると批判した（一一三頁～一一四頁）。

「一八四八年」では、『共産党宣言』の「法、道徳、宗教などは……ブルジョア的偏見に過ぎない」（一二二頁）が引用されている。

「一八八〇年」では、「『資本論』第二巻の発刊を前にしてマルクスは、〔『種の起源』の〕チャールズ・ダーウィンに、自分の著作を捧げようと彼に承認を求めた」。ダーウィンは、「承諾できないと返答した」。さらに書き加えた一句に注目したい。ダーウィンは、「マルクスの本は『キリスト教と有神論に真っ向から対抗する議論』を含んでいる恐れがある、と付け加えた」（四八二頁）。

以上の抜き書きによっても、マルクスが宗教については好意的に理解していたのではなく、極めて否定的に批判する立場に立っていたことが明らかになる。

続けて、本書の一一年前に角田訳で刊行されていた『マルクスへ帰れ』（こぶし書房）を一読した。原書はイギリスで一九八一年刊行。三つの論文が収録されている。

第一論文では、「マルクスの神話化」について「マルクス主義」という用語は、エンゲルスがマルクスの意に反して使い出したものであると批判する。その典型例として、マルクスが単に「導きの糸」としていたものを「唯物史観」と格上げしていわばねつ造したものと説明している。第二論文ではマルクスの「社会主義論」は「倫理」を基調として貫いていることを強調している。「当初はロバート・オーウェンやシャルル・フーリエの弟子であったマルクス」（五三頁）は、「あらゆるユートピアンのうちで最もユートピア的であった」（五五頁）。第三論文ではロシアに関するマルクスの記述を手懸かりに、レーニンの社会主義論の問題点をレーニンが多用した「国家資本主義」用語を根拠に指摘して、ソ連邦が「全体主義国家と賃金奴隷制」（一二五頁）であると結論する。

第一論文の趣旨は納得できるが、第三論文には同意できない。「ユートピア」への偏重が災いしている。ソ連邦は「社会主義への過渡期の歪曲」として把握すべきである。二〇一四年に発表した「『ソ連邦＝党主指令社会』論の意義」（『ソ連邦の崩壊と社会主義』ロゴス、二〇一六年）を参照してほしい。リュベルは既成の「マルクス主義」の誤りについては極めて厳しく批判を加えているが、マルクスについて、その誤りはおろか弱点、時代的制約についてはまったく指摘・切開していない。第三論文の誤りは「マルクスのユートピア」に偏重しすぎた帰結にすぎない。

なお、私は一九九二年に「レーニンの『社会主義』の限界」（『経済評論』一一月）でレーニンの「国家資本主義」用語理解の誤りを指摘して「レーニンの『社会主義論』の検討を」提起した（『協議型社会主義の模索』社会評論社、一九九九年、一四一頁）。

（二〇二一年五月五日）

執筆者紹介（掲載順）

北島義信　きたじま・ぎしん　1944年2月4日生まれ
四日市大学名誉教授、真宗高田派正泉寺前住職
著書　『坊主の品格』（日本図書館協会選定図書）、本の泉社、2015年
共著　『ブラック・ライブズ・スタディーズ』三月社、2020年
訳書　チャールズ・ヴィラ・ヴィセンシオ著、北島義信監訳『南アフリカの指導者、宗教と政治を語る』本の泉社、2012年

島崎　隆　しまざき・たかし　1946年5月28日生まれ
一橋大学名誉教授
著書　『ポスト・マルクス主義の思想と方法』こうち書房、1997年
『現代を読むための哲学――宗教・文化・環境・生命・教育』創風社、2004年
『《オーストリア哲学》の独自性と哲学者群像』創風社、2017年

菅原伸郎　すがわら・のぶお　1941年10月15日生まれ
東京医療保健大学大学院客員教授、公益社団法人・在家仏教協会理事長
著書　『宗教をどう教えるか』朝日新聞社、1999年
『宗教の教科書　12週』トランスビュー、2005年
編著　『戦争と追悼――靖国問題への提言』八朔社、2003年

島薗　進　しまぞの・すすむ　1948年12月10日生まれ
上智大学グリーフケア研究所所長
著書　『宗教学の名著30』筑摩書房、2008年
『国家神道と日本人』岩波書店、2010年
『日本仏教の社会倫理』岩波書店、2013年

中野　毅　なかの・つよし　1947年11月29日生まれ
創価大学名誉教授
著書　『宗教の復権』東京堂出版、2002年
『戦後日本の宗教と政治』大明堂、2003年
論文　「戦後政治と宗教」：島薗進・末木文美士・大谷栄一・西村明：

編『近代日本宗教史』第5巻第3章、春秋社、2021年。

松本直次　まつもと・なおじ　1948年1月21日生まれ

ヤマギシ会東京案内所

季刊『フラタニティ』に「文学の眼」を連載

紅林　進　くればやし・すすむ　1950年8月19日生まれ

フリーライター

著書　『民主制の下での社会主義的変革』ロゴス、2017年

編著　『社会主義って何だ、疑問と討論』ロゴス、2018年

『変えよう！選挙制度――小選挙区制廃止、立候補権・選挙運動権を』ロゴス、2019年

西川伸一　にしかわ・しんいち　1961年11月16日生まれ

明治大学政治経済学部教授

著書　『政衰記』五月書房新社、2018年

『覚せい剤取締法の政治学』ロゴス、2018年

『増補改訂版　裁判官幹部人事の研究』五月書房新社、2020年

山田太一　やまだ・たいち　1934年6月6日生まれ

脚本家

著書　『獅子の時代』全5巻、教育史料出版会、1980年

『ふぞろいの林檎たち』大和書房、1983年 → 新潮文庫

『山田太一作品集 』全19巻、大和書房、1985 ～ 1989年

村岡 到（むらおか・いたる）

1943年4月6日生まれ
1962年　新潟県立長岡高校卒業
1963年　東京大学医学部付属病院分院に勤務（1975年に失職）
1969年　10・21闘争で逮捕・有罪
1980年　政治グループ稲妻を創成（1996年に解散）
ＮＰＯ法人日本針路研究所理事長
季刊『フラタニティ』編集長

主要著作

1980『スターリン主義批判の現段階』稲妻社
1996『原典・社会主義経済計算論争』（編集・解説）ロゴス
1999『協議型社会主義の模索――新左翼体験とソ連邦の崩壊を経て』社会評論社
2001『連帯社会主義への政治理論――マルクス主義を超えて』五月書房
2003『生存権・平等・エコロジー―連帯社会主義へのプロローグ』白順社
2003『不破哲三との対話――日本共産党はどこへ行く？』社会評論社
2005『社会主義はなぜ大切か――マルクスを超える展望』社会評論社
2009『生存権所得――憲法一六八条を活かす』社会評論社
2012『親鸞・ウェーバー・社会主義』ロゴス
2015『文化象徴天皇への変革』ロゴス
2017『「創共協定」とは何だったのか』社会評論社
2019『池田大作の「人間性社会主義」』ロゴス
2020『宗教と社会主義との共振』（編）ロゴス

『宗教と社会主義との共振』78頁に全著作を掲示した。

宗教と社会主義との共振 II

2021年5月25日　初版第1刷発行
編　者　　村岡　到
発行人　　入村康治
装　幀　　入村　環
発行所　　ロゴス
〒113-0033　東京都文京区本郷2-6-11
TEL.03-5840-8525　FAX.03-5840-8544
URL http://logos-ui.org　Mail logos.sya@gmail.com
印刷／製本　株式会社 Sun Fuerza

定価はカバーに表示してあります。 ISBN978-4-910172-06-4　C0014

ロゴスの本

武田信照 著　四六判 上製 250 頁　2300 円+税
ミル・マルクス・現代

村岡 到 著　四六判 191 頁・2000 円+税
悔いなき生き方は可能だ——社会主義がめざすもの

村岡 到 著　四六判 236 頁・1800 円+税
ベーシックインカムで大転換

村岡 到 著　A 5 判 上製　236 頁・2400 円+税
親鸞・ウェーバー・社会主義

村岡 到 著　四六判 220 頁・2000 円+税
友愛社会をめざす——活憲左派の展望

村岡 到 著　四六判 158 頁・1500 円+税
文化象徴天皇への変革

村岡 到 著　四六判 236 頁　2000 円+税
不破哲三と日本共産党

村岡 到 著　四六判　252 頁　1800 円+税
ソ連邦の崩壊と社会主義

村岡 到 著　四六判　188 頁　1700 円+税
共産党、政党助成金を活かし飛躍を

村岡 到 著　四六判　154 頁　1300 円+税
池田大作の「人間性社会主義」

村岡 到 著　四六判　202 頁　1700 円+税
左翼の反省と展望——社会主義を志向して 60 年

村岡 到 著　四六判　172 頁　1700 円+税
宗教と社会主義との共振

あなたの本を創りませんか——出版の相談をどうぞ、小社に。

ブックレットロゴス

ブックレットロゴス No. 1　村岡 到 編

閉塞を破る希望――村岡社会主義論への批評　142 頁・1500 円+税

ブックレットロゴス No. 4　村岡 到 著

閉塞時代に挑む――生存権・憲法・社会主義　111 頁・1000 円+税

ブックレットロゴス No. 5　小選挙区制廃止をめざす連絡会 編

議員定数削減NO！――民意圧殺と政治の劣化　108 頁・1000 円+税

ブックレットロゴス No. 6　村岡 到 編　西尾 漠・相沢一正・矢崎栄司

脱原発の思想と活動――原発文化を打破する　108 頁・1000 円+税

ブックレットロゴス No. 8　村岡 到 編

活憲左派――市民運動・労働組合運動・選挙　124 頁・1100 円+税

ブックレットロゴス No. 9　村岡 到 編　河合弘之・高見圭司・三上治

2014 年 都知事選挙の教訓　124 頁・1100 円+税

ブックレットロゴス No.10　岡田 進 著

ロシアでの討論――ソ連論と未来社会論をめぐって　132 頁・1200 円+税

ブックレットロゴス No.12　村岡 到 編　澤藤統一郎・西川伸一・鈴木富雄

壊憲か、活憲か　124 頁・1100 円+税

ブックレットロゴス No.13　村岡 到 編 大内秀明・久保隆・千石好郎・武田信照

マルクスの業績と限界　124 頁・1000 円+税

ブックレットロゴス No.14　紅林 進 編著　宇都宮健児・田中久雄・西川伸一

変えよう！選挙制度――小選挙区制廃止、立候補権を　92 頁・800 円+税

ブックレットロゴス No.15　村岡 到 編著 大内秀明・岡田 進・武田信照

社会主義像の新探究　106 頁・900 円+税

ブックレットロゴス No.16　村岡 到 編著　孫崎 享・西川伸一・紅林 進

政権構想の探究 ①　106 頁・1000 円+税